和谐校园文化建设读本 ┃⋯⋯⋯⋯⋯⋯⋯

神州览胜

邱纪平/编写

吉林教育出版社

图书在版编目(CIP)数据

神州览胜 / 邱纪平编写. — 长春：吉林教育出版
社，2012.6（2022.10重印）
（和谐校园文化建设读本）
ISBN 978 - 7 - 5383 - 8948 - 7

Ⅰ．①神… Ⅱ．①邱… Ⅲ．①名胜古迹－中国－青年
读物②名胜古迹－中国－少年读物 Ⅳ．①K928.70-49

中国版本图书馆 CIP 数据核字(2012)第 116046 号

神州览胜
SHENZHOU LANSHENG   邱纪平　编写

策划编辑　刘　军　　潘宏竹
责任编辑　付晓霞   **装帧设计**　王洪义
出版　吉林教育出版社(长春市同志街 1991 号　邮编 130021)
发行　吉林教育出版社
印刷　北京一鑫印务有限责任公司
开本　710 毫米×1000 毫米　1/16　　**印张**　9.5　　**字数**　121 千字
版次　2012 年 6 月第 1 版　　**印次**　2022 年 10 月第 3 次印刷
书号　ISBN 978 - 7 - 5383 - 8948 - 7
定价　39.80 元

编　委　会

主　　编：王世斌

执行主编：王保华

编委会成员：尹英俊　尹曾花　付晓霞
　　　　　　刘　军　刘桂琴　刘　静
　　　　　　张　瑜　庞　博　姜　磊
　　　　　　潘宏竹
　　　　　　（按姓氏笔画排序）

总　序

千秋基业，教育为本；源浚流畅，本固枝荣。

什么是校园文化？所谓"文化"是人类所创造的精神财富的总和，如文学、艺术、教育、科学等。而"校园文化"是人类所创造的一切精神财富在校园中的集中体现。"和谐校园文化建设"，贵在和谐，重在建设。

建设和谐的校园文化，就是要改变僵化死板的教学模式，要引导学生走出教室，走进自然，了解社会，感悟人生，逐步读懂人生、自然、社会这三本大书。

深化教育改革，加快教育发展，构建和谐校园文化，"路漫漫其修远兮"，奋斗正未有穷期。和谐校园文化建设的研究课题重大，意义重要，内涵丰富，是教育工作的一个永恒主题。和谐校园文化建设的实施方向正确，重点突出，是教育思想的根本转变和教育运行机制的全面更新。

我们出版的这套《和谐校园文化建设读本》，既有理论上的阐释，又有实践中的总结；既有学科领域的有益探索，又有教学管理方面的经验提炼；既有声情并茂的童年感悟；又有惟妙惟肖的机智幽默；既有古代哲人的至理名言，又有现代大师的谆谆教诲；既有自然科学各个领域的有趣知识；又有社会科学各个方面的启迪与感悟。笔触所及，涵盖了家庭教育、学校教育和社会教育的各个侧面以及教育教学工作的各个环节，全书立意深邃，观念新异，内容翔实，切合实际。

我们深信：广大中小学师生经过不平凡的奋斗历程，必将沐浴着时代的春风，吸吮着改革的甘露，认真地总结过去，正确地审视现在，科学地规划未来，以崭新的姿态向和谐校园文化建设的更高目标迈进。

让和谐校园文化之花灿然怒放！

本书编委会

目 录

逶迤万里似卧龙，雄姿显赫崇岭中

雄伟壮观的万里长城，像一条匍匐潜行的巨龙，时而蟒鳞闪烁于崇山峻岭之巅，时而蛇身逶迤于千峦万壑之中，头探渤海之滨，尾伸嘉峪关下，全长万里以上，堪称中华民族的象征。

长城，这一空前绝后的历史工程，其规模的浩大、形势的险峻，实在令人叹为观止，可称得上是中国古代劳动人民雕塑自然的佳作，人类文明史上的一座伟大丰碑。

万里长城是写在神州大地上的一部史书，它横跨东西万余里，纵贯历史大约 2500 年。从春秋战国时期修筑长城开始，至公元 14 世纪的明代开始修筑长城为止，先后有 20 多个王朝和诸侯国家参与修建这一历史工程。其中以秦、汉、明三个王朝完成的工程量最大。如果把历代所筑的长城累加起来，全长超过 5 万千米，可绕地球一周。

现在人们所见到的长城定型于明代。它西起甘肃的嘉峪关，途经宁夏回族自治区、陕西省、内蒙古自治区、山西省、河北省、北京市等，东至号称"天下第一关"的山海关。这长达 6000 多千米的防线，在明朝称为外边（也叫大边），是第一道防线。另外，还有称为内边（也叫二边）的第二道防线，它西起偏关（内蒙古自治区与山西省交界处），向东蔓延，途经雁门关、平型关，然后拐向东北，经涞源县、北京市的房山区和昌平区，至居庸关，由此再向东伸展到延庆县的四海镇，与外边长城相接。第三道防线叫内三关，它起于居庸关南口，经紫荆关、倒马关，止于井陉（xíng）关。

八达岭位于长城内边，是第二道防线的最险要地段。八达岭是军都山的一座山峰，海拔 1015 米，这里既是首都西北门户的军事要塞，又是风景秀美、观赏长城雄姿的旅游景区。

　　从南口至八达岭,有一条长约20千米的沟谷,名为关沟,两侧层峦叠翠,松柏成林,花草竞秀,被誉为"燕京八景"之一的"居庸叠翠"就在这里。那一带名胜古迹数不胜数,素有"关沟七十二景"之称。

　　在碧波翠浪的沟谷之中,有一座险隘关城,它就是闻名天下的居庸关。此关名始于秦代,历代都曾维修增建,据说现存的关城和边墙是明洪武元年(公元1368年)大将军徐达所建的。关城内有一座汉白玉砌筑的高台,称为"云台"。云台建于元至正五年(公元1345年)。云台上面原来还建有三座宝塔,名为过街塔。相传元末明初三塔被毁后,又在上面修建了一座寺院。明正统四年(公元1439年)重修,命名为"泰安寺"。清康熙四十一年(公元1702年)寺院被火焚毁,就只剩下如今展示在游客面前的云台了。云台下有券门,券顶呈半六角形,两壁刻有2000多尊大小佛像和多种文字的《陀曼尼经》咒文及《造塔功德记》,镂刻工艺精美超群,堪为古代镂金雕刻艺术的珍品,被誉为"幽谷中的白芙蓉",具有很高的文物价值。

　　居庸关南面的外围关口为南口,北边的外围关口为八达岭关口,三者首尾相接,构成一个完整的防御系统,成为北京北部的咽喉要道。清代乾隆皇帝曾御笔赋诗赞誉居庸天险：

> 居庸天险列峰连，
>
> 万里金汤固九边，
>
> 雄峻莫夸三峡险，
>
> 崎岖疑是五丁穿。

这里所说的"五丁"，是指开凿关沟的五个大力士，这当然是无据可查的传说。其实，关沟的成因乃地质作用的结果，原来居庸关附近地壳上升，致使急湍的河流顺着断层不断下切，经过漫长的岁月，终于开掘出这条峡谷。

在居庸关北约 2.5 千米，沟谷突然变得宽阔而又平坦。在这平坦沟谷之间，有一块长达 10 米、宽 8 米、高 4 米的巨石，人称"仙人枕"，因为在南侧石壁上刻有"仙枕"两个大字。此石又称为"穆桂英点将台"。巨石上面残留着 28 个洼坑，相传这是穆桂英搭帐篷时所留下的杆眼，故也称为"帐篷石"。那一带有关"杨家将"的传说很多，比如，有"六郎影""五郎像"等等。

弹琴峡也是关沟的一景，它在居庸关西北方一个名为"五贵头"的山洞下，因泉水自山缝中流下，终年不断，声音清脆，宛如弹琴而得名。现在虽然山泉无法寻觅，然而溪水长流，叮咚有声，越发衬托出幽谷的宁静。

在附近的青龙桥火车站，有我国杰出的铁道工程师詹天佑的铜像和纪念碑及其夫妇墓，可供游人凭吊缅怀这位因修京包铁路和发明火车自动挂钩为中国人民和世界人民作出重大贡献的优秀专家。

由青龙桥再往北上行 1 千米，就到了万里长城最险要地段——八达岭。这里东连永宁，西接宣化，南达北京，北通延庆，路从此分，四通八达，故有"八达岭"之称。它雄踞高处，扼咽喉要路，难怪人说"居庸关之险不在关而在八达岭"，这里确实有"一夫当关，万夫莫开"之势，它在军事上的重要地位是不言而喻的。

八达岭关城，建于明朝弘治十八年（1505 年），东门上有"居庸外镇"四字，西门上有"北门锁钥"四字。东门外西侧有一块巨石，上面刻有"望京石"三字，每当雨过天晴，能见度极好的天气，站在这块石头上，可依稀望见北京的景色。

离开望京石，进了八达岭的关门，便可登上长城了。长城之高可以想象（高 6.6 米），可是长城之宽却出人意料（顶部宽 5.5 米），可容 10 列士

兵并进，可容 5 匹马并骑。长城循着山脊建筑，蜿蜒起伏，气势磅礴。登临长城，一股强劲的塞北之风吹撩着游人的头发，登高远眺，不禁思绪万千，心潮逐浪。那起伏跌宕的崇山峻岭，那黄沙滚滚的塞外大漠，那一望无垠的华北平原，似乎都被长城紧紧地联系在一起了，它是神州大地的脊梁啊！勤于思索的人们，也许会触景生情，缅怀悠悠的往事。于是，眼前的景物模糊了，代之以一幅幅历史的画面：蝼蚁般密集的民夫，他们个个面黄肌瘦，衣服褴褛，脚上流着鲜血，脊背上印着鞭痕，顶着烈日，在叫骂声中，肩担背扛，艰辛地往山顶上搬着砖瓦石块。他们就是长城的建造者！可以想象，长城长一尺，白骨多一层，长城是古代劳动人民用血汗建造起来的。

在长城的烽火台上,升起滚滚的狼烟,向京畿传递着边关告急的消息。于是,征尘四起,旗幡蔽日,城头上杀声震天,城下尸横遍野。在"刀枪入库,马放南山"的太平岁月,边关也是另有一番"朔气传金柝,寒光照铁衣"的凄清景象……长城将历史活化在今人的眼前。

往事越千年,换了人间。如今,长城展示在游人面前的是它豪迈的雄姿,壮丽的景色。八达岭的四季,宛如一位善于打扮的美女,景观随季节更新,各具特色,美不胜收。阳春三月,和煦的春风吹绿了山野,向阳处迎春花开了,随即便桃花似雪,柳若垂金,各种不知名的山花竞相开放,锦簇的花团把古老的城墙装点得花枝招展,使游人如同穿行在花海绿浪之中。入夏,八达岭骄阳似火,如金龙沉睡,鳞光闪闪;时而清凉山风过处,细雨如烟,迷蒙中的长城,恰似蛟龙出水,腾云驾雾。金秋时节,天高气爽,柿黄果红,枫叶争艳,层峦尽染,别有一番韵味。冬日的八达岭,是一片雪的世界,"山舞银蛇,原驰蜡象",好一派北国风光。

万寿山上殿宇深，昆明湖畔春意浓

人一生中，可能游历过许多公园，但是，事过境迁，时间一久，那些公园的自然景物、园林建筑、花草树木和珍禽异兽，就会像如烟的往事，在记忆中淡化了、模糊了、遗忘了。然而，颐和园给人的印象却不是这样，它那瑰丽的湖光山色和精美的园林建筑，令人久久回味，甚至终生难忘。

这大概与这座皇家园林独具特色的景观有关系吧。

颐和园景观的第一个特色是真山真水，山高水阔，园林规模大，雄伟壮观。林木葱郁的万寿山濒临波平如镜的昆明湖，山水平畴，相映成趣，松涛云影，流光溢彩，令人顿生气势磅礴、雄浑博大的开阔之感。

颐和园景观的第二个特色是园林建筑与自然环境相和谐,楼台殿阁依山傍水,人工造物与天然景色浑然一体,亭廊舫榭布局巧妙,错落有致,富有纤巧精美的艺术魅力。

　　当游人信步进入颐和园的东宫门,首先映入眼帘的是以仁寿殿为中心的宫殿建筑群。这是慈禧太后、光绪皇帝在消暑期间,朝会臣僚议事的地方。绕过仁寿殿,穿过一片假山石,便望见三个小巧的以曲折回廊连接的四合院。这便是玉澜堂、宜芸馆和乐寿堂,分别为光绪皇帝、隆裕皇后和慈禧太后的寝宫。以仁寿殿为中心的宫殿群连同后面玉澜堂等三个小院落,称为宫区,坐落在万寿山下的平川地上,使建筑布局和谐紧凑、排列整齐。

　　走出乐寿堂的西门,进入邀月门,便是颐和园的苑区(游览区):一山一湖的相望格局。

　　万寿山南坡(也称前山区),从临水的"云辉玉宇"牌,直到智慧海及其两侧建筑,是前山区的核心建筑群。这一从下而上垂直布局的壮丽场面,恰与平宽辽阔的湖区形成鲜明的对比,充分地表现了"河岳层层团锦绣,华严界界有楼台"的自然风景与人工造物相融合的和谐美。

　　雄伟高大的(40米高)佛香阁君临在万寿山上,是全园的主景,与下边的排云殿有爬山廊相通。登上佛香阁,极目远眺,那波光闪烁的昆明湖景色,那繁华似锦的京都风光,尽收眼底,不禁使人豪情满怀,心潮激荡。

　　富丽堂皇的排云殿是万寿山正中的一座主殿。殿前有排云门,门前有"云辉玉宇"坊。排云殿内陈列着各种盆景、文物,大都是慈禧太后70岁生日时群臣的贺礼和贡品。在门右侧的墙壁上,悬挂着慈禧71岁时的巨幅油画像。

　　前山区的东西两半部还有许多独立成景、造型别致的建筑物,比如,东半部有含新亭、养心轩、写秋轩、重翠亭、福荫轩、养云轩、无尽意轩等;西半部有画中游、听鹂馆、山色湖光共一楼、延清赏楼、清晏舫、迎旭楼和石丈亭等。这些建筑各具特色,或清幽典雅,或造型俏丽,互不相同,各具魅力。

　　万寿山北坡(也称后山)后湖,以人工堆造的北山掩盖北墙,造成一条完整的山峡,形成闭锁的空间,与山前区的开阔观瞻,恰成强烈的对比。

　　前山是壮丽宏伟的殿宇楼阁和碧波万顷的湖水,而后山则是小桥流水、松林曲径,一派清丽雅静的江南风光。这里除中心部尚有一组庞大的宗教建筑之外,则多为曲折的水乡小景。当年有水村居、自在庄和苏州水街。每当入夜时,滨水两岸的茶楼酒肆,歌船画舫,宫灯摇曳,那丝竹声穿波渡水而来,犹如秦淮河岸的歌舞升平的景象。

站在万寿山的佛香阁向正南方张望,目光掠过昆明湖的碧波,可遥遥望见一个林木葱郁的岛屿,那便是南湖岛。在岛上绿树丛中,散布着各种形式的建筑,它们是龙王庙、鉴远堂、云香阁、涵虚堂、岚翠阁等。南湖岛的东边是十七孔桥,用白色大理石砌成,全长150米,共有17个券洞,因此而得名。桥的东端有一只孤零零的铜牛,相传是为了"镇压水患"而建立的。昆明湖的西堤是仿杭州西湖的苏堤建造的,堤上自北向南分布着柳桥、幽风桥、玉带桥、镜桥、练桥和界湖桥,在柳岸碧波的映衬下,显得意境幽远深邃。在细雨朦胧的初春早晨,漫步在西堤上,观赏带雨的桃花或鹅黄的宫柳,更具有一番情趣。

　　当游人走出乐寿堂的西门步入邀月门,如果不拾阶而上登临万寿山,去观赏山前区建筑群的话,那么也可以漫步在长达700余米的长长的画廊,那是园林建筑中最典型的柱廊。每隔一段距离,由带有精美雕刻和彩画的半空隔壁,分割出一个间量,以避免游人如履隧道的疲劳感。长廊共分273间,中间连接留佳、寄澜、秋水、清遥四座亭子。廊内每幅壁画都是一个历史故事,如八大锤奋战双枪将等,故事情节多变,形象逼真,笔致工细,色彩鲜艳,美不胜收,让人目不暇接。

　　长廊西头的昆明湖畔,坐落着一座长约36米大理石雕造而成的石舫,名为清晏舫,上面建造两层西式舱楼,坐在舱楼窗口,或对酒当歌,或放眼眺望,颇有一种泛舟湖上的轻盈之感。

　　那么,作为这座大型皇家园林的两大组成部分——昆明湖和万寿山,是经过怎样的自然演化和历史变革才取得今天这样风采的?

　　首先,谈谈昆明湖和万寿山的成因吧。

　　任何湖泊都好比一个大盛水盆,它得有周围隆起中间低洼的盛水空间和源源不断的水源。昆明湖自然也不例外,它的湖盆是经过漫长的地质年代演化而成的。据考察,大约在7200年以前,永定河是经颐和园向北流的,后因海淀至来广营一带地面升高,迫使永定河改道南迁,同时也封住了昆明湖的出口。永定河平时和洪汛期带有大量泥沙和砾石,在山

口外形成冲积扇。昆明湖就位于永定河冲积扇北缘的低洼处。而北面的万寿山和西面的玉泉山，使其成为封闭的湖区，加以有玉泉山的泉水和永定河故道为其水源，久而久之，便蓄水成湖。这便是昆明湖的来历。

万寿山是由坚硬的长石石英砂岩组成的。这种岩石是在距今约2.4亿年的二叠纪时期由河流的沉积作用形成，后来由于地壳运动被抬升为山地。刚形成山地时，本来万寿山和玉泉山、香山是连在一起的，后来发生断裂和部分地壳下沉，才使万寿山及其他两座山成为一个个孤立的小山。

远在800多年前，万寿山还是一座无名的荒山，而昆明湖也只是西山脚下的一个无名的小湖。到了元代，这一山一湖才有正式名称：山叫瓮山，湖称瓮山泊。

元代时，郭守敬将昌平和玉泉山的泉水引入现今的昆明湖，并在湖畔兴建了一座园静寺和行宫。明时皇室改建为好山园。清代乾隆皇帝在此大规模扩建,更名为清漪园,并将瓮山易名为"万寿山",将瓮山泊扩大后改名为"昆明湖"。1860 年,清漪园被英法联军烧毁。1888 年,慈禧太后挪用海军经费 500 多万两白银重建,改名为颐和园。1900 年为八国联军破坏。1903 年,慈禧再次动用巨款修复这座残破的园林。

新中国建立以后,颐和园被列为全国重点文物保护单位,国家拨出专款进行修缮。现在,已成为中外关注的旅游景区,每天接待数以万计的中外游客。

金碧辉煌外朝殿，幽静深邃内宫廷

我们伟大祖国的首都——北京，无论你与她朝夕相处，还是初次相逢，她都对你展示出一股永不衰竭的青春魅力。她是我国四大古都之一，也是世界闻名的文化名城。她是我国古都中保存得最完整的一个。她荟萃了中国历史文化的精华，同时也是世界城市文化的一件珍品，尤其是北京的建筑艺术，充分地表现了中华民族的文化素养和艺术风格，集中了中国城市建筑之大成，堪称世界城市建筑文化之一绝。北京的古城建筑融合了儒、佛、道、法四个哲学门派的思想，也集中地反映出汉、满、蒙、回、藏等多民族的历史、文化和风俗习惯，是集中地表现各民族文化传统的一个典型。

在精华荟萃的北京城，最能表现她景观和文化特色的，当首推故宫。故宫位于北京北区的中心，是明、清两朝的皇宫。故宫兴建于明永乐四年（公元1406年），当时征调全国著名工匠和民夫、卫军共30万，连续施工15年，于永乐十八年（公元1420年）建成，在明、清两代历经24个皇帝。虽经明清两代多次重修和扩建，但仍保持着原来的布局。

故宫占地约72万平方米，有各式宫殿和房屋建筑19000余间，建筑面积约15万平方米。皇宫的周围有10余米高的城墙环绕，全长3千米。城外有宽52米的护城河，城的四角耸立九梁十八柱的角楼，形成一个森严壁垒的城堡。

故宫建筑的整体设计特点是重重的门楼、高高的台基、宏大的宫殿等，充分体现帝王的尊贵和威严。在建筑布局上体现出主从分明、层次清楚的特点，主要宫殿都布置在一条从南到北的中轴线上，显得排布整齐、庄严宏伟；两侧对称排列着许多大小宫殿，体现布局严整、匀称，具有我国古典建筑的气势雄伟、富丽堂皇和布局严整、对称均衡的风格。

故宫内部由"外朝"和"内廷"两部分所组成,我们一般所说的"朝廷"一词,即泛指"外朝"和"内廷"两部分。外朝以太和、中和及保和三大殿为中心,文华、武英两殿为两翼,是皇帝举行大典和召见群臣,言政议政行使权力的场所。内廷有乾清宫、交泰殿、坤宁宫以及东六宫和西六宫等主要建筑,最后面是御花园。内廷是封建皇帝进行日常活动和后妃及其子女们居住、游玩和奉神的地方。明、清两代内宫中争权夺势、获恩失宠、骄奢淫乱等荒唐的故事,都是在这里发生的。

故宫南面为南北狭长的前庭,有天安门和端门,形成了宫门前面一长列建筑的前奏。

天安门原是明清两代皇城的正门,始建于明永乐十五年(公元 1417年),原名承天门,清顺治八年(公元 1651 年)改建后称天安门。天安门城门五阙重楼九楹,通高 33.7 米。在 2000 余平方米雕刻精美的汉白玉须弥基座上,是 10 米高的红色墩台。墩台上是金碧辉煌的天安门城楼。城楼下是波光粼粼的金水河,河上架起五座雕刻精美的汉白玉金水桥,城楼前面有两对雕琢华丽精巧的石狮和一双华表。

当游客过了外金水桥,步入天安门,经过端门,宏伟的故宫正门(午门)便出现在眼前了。

午门是故宫的正门,建于明永乐十八年(1420 年),清顺治四年(1647 年)重修。午门高 8 米,下面有高大的砖石墩台,台正面以垛墙围绕,后面砌宇墙。墩台正中有三门,墩台上建五座楼,俗称五凤楼,围以汉白玉精美栏杆。午门后有五座汉白玉拱桥,称为内金水桥。

进入午门,跨过金水桥,便是三座并列的大门,正中的叫太和门,东为昭德门,西为贞度门。太和门前两侧陈设着一对雄伟的铜狮,雄踞雕刻精美的石座上,使宫殿显得异常威严肃穆。

广场东西有通往文华殿和武英殿的协和门和熙和门。据说,明崇祯十七年(公元 1644 年),李自成率领农民军攻进北京,曾在武英殿建立农民政权。

进入太和门,迎面便是三大殿中的主体建筑,也是目前全国现存的最高大的木结构建筑。这座大殿高约 35 米,阔 63.96 米,深 37.17 米,面积 2377 平方米,殿内有沥粉金漆的圆柱 72 根支撑着殿顶,正中的金漆雕龙"宝座"是封建皇权的象征。人们常说的"金銮宝殿",就是指这座大殿。明清两代统治者的重大典礼,如皇帝即位、诞辰以及春节、冬至等节日庆典和出兵征讨等活动都在此举行。每当举行诸如此类的隆重庆典时,从殿前露台起,直到端门外的天安门,仪仗、旗帜林立,廊下排列乐队,露台上跪满文武大臣,殿内点燃檀香,殿外铜炉里燃烧松枝,烟雾缭绕,奇香扑鼻。典礼开始时,钟鼓齐鸣,乐声大作,群臣山呼万岁,景象十分壮观。

出了太和殿的后门,便迎面看见中和殿。这是皇帝去太和殿途中小憩的地方,在此接受阁、礼部及侍卫执事等人员的朝拜。每逢加皇太后徽号和各种大礼前一天,皇帝也在此阅览奏章和祝辞。

在中和殿后边是保和殿。清时每年除夕和元宵节,皇帝在此宴请王公贵族和京中文武大臣。乾隆后期这里成为殿试的场所。

走出三大殿,过了乾清门,便是内廷宫殿。内廷宫殿包括乾清宫、交泰宫、坤宁宫以及这三宫两侧的东六宫(景仁宫、延禧宫、承乾宫、永和宫、钟粹宫、景阳宫)和西六宫[永寿宫、启祥宫、翊坤宫、永宁宫(长春宫)储秀宫、咸福宫]。这就是人们所说的"三宫六院",此外,还有很多宫殿楼阁,那大概就是宫娥和太监们的单身或集体宿舍了。总之,内廷的全部建筑主从分明,尊卑有序,均有宫门和宫墙框定,自成封闭体系。

离开了三宫六院,走出内廷之北的坤宁门,迎面是一处情趣盎然的休憩的园林,那便是故宫的御花园。园内有 20 多座大小建筑物,结构精巧,样式各异,间有山石草木、花池盆景和五色石子甬道,是一处以古雅建筑物为主体的宫廷式花园。

园景大致分三部分,主体建筑为五间重檐的钦安殿,并依地形建造了亭台楼阁,殿后左方为太湖石堆砌的假山,名为"堆秀山"。这座假山叠砌手法独特,磴道陡峭,山势险峻。山脚的狮座上雕有蟠龙,口喷水柱,溅落在青苔绿池之上,使环境显得清幽典雅。山顶筑有御景亭,是每年重阳节皇帝登临远眺的地方。

御花园中的花树,多为明代栽植,古柏老槐,郁郁葱葱,苍劲凝重。园内东西两路的布景,既对称和谐又富于变化:东面的绛雪轩前有一座琉璃花池,上列花石,对着一个亭台;而西面的养性斋前,则遍地布置假山石。人们可以穿游于山石之间,也可以顺着山坡踏磴拾阶而上,直至登上露台。

御花园南北 89 米,东西阔 135 米,在这方圆不大的土地上,竟建造了 20 幢建筑,汇集了奇岩怪石,盆花桩景,但却给人一种空间疏朗、地域开阔之感,在造园手法上颇具苏州园林之妙。

在宁寿宫北部的养性门之西,还有一处宫苑,这便是"乾隆花园"。园内的著名建筑有古华轩、禊赏庭、旭晖庭、养性殿、佛堂、遂初堂、萃赏楼、延趣楼、符望阁、竹香馆等,分布得错落有致,间以逶迤的山石和曲折回转的游廊,使建筑与花木山石交相融合,协调成趣。

　　园内正北主体建筑古华轩,开敞透空,卷棚歇山的屋顶,本色楠木的天花,雕出百花图案,显得古朴典雅。轩的西侧是禊赏亭和旭晖庭,东侧布置了山石亭台,组成了一个自由的院落。古华轩的东南角有一个由抑斋、矩亭和撷芳亭等小巧建筑构成的院中之院。院内曲径回廊、苍松古柏,环境幽雅如画。据说,这是当年乾隆皇帝读书养性的地方。

　　古华轩后,是一个以几块湖石为景的三合院。院内正房遂初堂前的一副对联是"墨斗砚山足遣逸,琪花瑶草底须妍",楣间匾上写的是"素养陶情",东配殿的匾名是"惬志舒怀",这充分表现了乾隆皇帝春风得意和恬淡闲适的意趣。

　　遂初堂西北是延趣楼。此楼有曲廊同正楼萃赏楼相连。在这个院落中,有座耸秀亭居高临下,挺拔秀丽,亭下满院山石,洞壑穿曲,有盘旋幽邃之妙。

萃赏楼之北,有一座造型精美的建筑,名为符望阁。它的西面是玉粹轩,北面是倦勤斋。倦勤斋西边的石山上有一座八角门建筑物,称为竹香馆。馆内有个小戏台,供南府太监演唱岔曲。四周墙壁上都画了山野景色,天棚挂满藤萝,还绕以竹节凭栏,仿佛将戏台置于翠竹林内,藤萝环绕的佳境。戏曲开演时,皇帝坐在对面阁楼看戏,在摇曳的纱灯下,宛如暮霭迷蒙的夜晚,置身于寂静的荒山野岭之中,那意境自然是别有一番情趣的。

天寿山前石人马,地下宝城十三陵

去北京观光的中外游客,几乎无人不去八达岭登临万里长城,也无人不去十三陵观赏帝王陵墓。可见十三陵是游览首都的重要一景,也是我国重点保护的名胜古迹之一。

明朝起初定都于南京,后迁都于北京。明代 16 个皇帝中有 13 个埋在北京郊区昌平县境内,故此处称为明十三陵。

十三陵坐落在距北京约 44 千米的天寿山南麓的一个山间盆地内。盆地四周环山,中间有十三陵河流过。在陵园四周,筑有城墙达 40 千米。陵园的前奏是一块长 31.5 米、高 15 米、宽 25 米的汉白玉的石牌坊。作为正门的大宫门两边,有两座小山遥相对峙,左边叫长龙山,右边叫卧虎山。石坊以北松柏参天,翁荫如盖,殿宇耸峙,气派森严。

从 1409 年修长陵开始,到 1644 年建造成思陵为止,历时 200 多年,不知耗费了多少人力、财力和物力,才修建起如此规模浩大的陵墓群,计有长陵(成祖)、献陵(仁宗)、景陵(宣宗)、裕陵(英宗)、茂陵(宪宗)、泰陵(孝宗)、康陵(武宗)、永陵(世宗)、昭陵(穆宗)、定陵(神宗)、庆陵(光宗)、德陵(熹宗)、思陵(毅宗)等明代皇帝的陵墓。

长期作为皇家禁区的十三陵,如今已成为对外开放的游览胜地。它不仅向世人展示富丽堂皇的地面建筑,而且也向人们揭示规模浩大而又艰巨的地下工程。

地面建筑主要有石牌坊、大宫门、碑亭、石像群、棂星门、七孔桥以及十三座陵墓的殿宇楼阁。

　　当旅游者走过汉白玉的石牌坊,来到陵园的大宫门,便会发现门旁有一座石碑,上刻"官员人等至此下马",显示封建帝王不仅生前八面威风,死后也想飞扬跋扈。进了正门,有一条大道,称为神道,迎面是一座重檐四出式碑亭,内树一碑,碑文约 3000 字,是著名书法家程南云手书,上题"大明长陵神功圣德碑"。碑亭外四隅有四座华表,顶盘上蹲立异兽,名叫犼(hǒu)。碑亭北面800米长的神道两侧是18对造型精巧、栩栩如生的石人石兽。自神道过七孔桥便是十三陵中最大的陵墓——长陵,它规模最大,建成于永乐十一年(公元 1413 年),是明成祖朱棣和皇后徐氏的陵寝。

　　长陵地面形制前方后圆,基本上仿南京明孝陵布局和规制建造。长陵建筑十分雄伟,分三个院落,包括陵门、神库、神厨、碑亭、祾恩门、祾恩殿、棂星门、宝城和明楼等。

　　自陵门入,便发现靠东有一座碑亭,此碑建于嘉靖二十一年(1542年),原碑无字,清顺治、乾隆、嘉庆年间刻有碑记。过了祾恩门,两旁有焚烧祭文的玻璃阁楼,迎面的中央大殿便是祾恩殿。祾恩殿有三重白石台基,规模和形状如北京故宫的太和殿,大殿内有 32 根高 10 米两人不能合抱的金丝楠木柱,总面积为 1956 平方米,是我国最大的木结构的建筑之一。大殿后有门,过内红门、石坊、石五供,便到明楼。明楼内竖立一碑,上刻"大明成祖文皇帝之陵"。从明楼两侧往后,便是圆丘式的宝城,它是用砖砌成的,直径约 340 米,周长 1000 米多,上有垛口,形似城堡,正中为"宝顶"(大坟头),宝顶下面就是地宫,明朝第三个皇帝朱棣及其皇后就埋葬于此。

长陵除陵园本身外,还有东西二坟,东坟在德陵馒头山南,西坟在定陵西北,坟内分别埋葬 16 个为朱棣殉葬的宫妃,因坟形如深井,故名为东井和西井。

站在明楼上居高远眺,整个陵区的景观便尽收眼底。只见左右的景、献二陵与长陵并立,东侧有永陵,西侧有定陵,与长陵构成鼎立之势。

几百年来,十三陵的地下宫殿一直是一个难解之谜。1956 年,我国文物考古工作者首先对定陵地下宫殿进行发掘,终于揭开了地下宫殿之谜。

定陵是十三陵中第十座陵墓,在长陵西南的大峪山下,建成于明神宗万历十八年(1590 年)。这里埋葬着明代第十三个皇帝神宗朱翊钧和他的两个皇后。

皇陵的地宫是存放棺椁明器的地方,为了防止被盗,一般都修得十分坚固,下葬后封得极为严密,不易被人发掘。1956 年考古人员根据宝城东南侧外墙皮的几层砌砖塌陷这个线索,先后发现了通向明楼后面的砖隧道和通向"金刚墙"的石隧道。1957 年 5 月,在石隧道的尽头发现了 8.8 米高的"金刚墙"。墙的中央有一个人字形门,名为"金刚门"。把"金刚门"的封砖取掉,即可进入地宫隧道券内。隧道券是隧道的最后一部分,也是地宫外的第一室,它紧接着地下宫殿的第一重石门。打开这重石门,一股阴森透骨的凉气袭遍全身,使人浑身战栗。这便是地下宫殿了。

　　地宫全部为石结构，共有前、后、中、左、右五座大殿，彼此连接，中间有石门相隔。前殿是一间长方形券室，金砖铺地，中殿与前殿相似，西端陈设有三个汉白玉雕成的宝座，座前各摆一套香炉、香瓶和蜡台。此外，还有一个装香油的大瓷缸，称为长明灯。

　　在中殿两侧的左右配殿内各有一个棺床，修造得很精美。正面棺床上停放着三口棺椁，中间是朱翊钧，两侧是孝端、孝靖两皇后。周围有26只陪葬的箱子、玉石和青花瓷瓶等。地宫出土的3000多件文物中，以金冠和凤冠最为珍贵。金冠又称翼善冠，是皇帝戴的帽子，全部用极细的金丝编织而成，冠顶有二龙戏珠；凤冠是皇后戴的帽子，上面镶有宝石珍珠，龙口衔珠，凤羽叠翠，珠光宝气，看上去像戏装上的凤冠一样光彩照人。随葬品中还有精工绣制的龙袍、百子衣等织品，镶宝金制首饰，各种金器、玉器、瓷器等，整整摆满了一个展室。

翼善冠

　　新中国建立以后,政府对陵园进行了重新修缮,修路造林。1958 年,又修建了十三陵水库,使蓝天、绿水、云影交相辉映,使湖光山色融为一体。如果站在瑶台上极目远望,那么瑰丽如画的十三陵山水风光便尽收眼底。

风光秀丽长江岸，名胜荟萃紫金山

当年毛泽东主席在为百万大军突破长江天险而作的贺诗中写道：

> 钟山风雨起苍黄，百万雄师过大江。
>
> 虎踞龙盘今胜昔，天翻地覆慨而慷。
>
> 宜将剩勇追穷寇，不可沽名学霸王。
>
> 天若有情天亦老，人间正道是沧桑。

诗中提到的钟山，也就是通常人们所说的紫金山，它像一条巨龙盘卧在古城南京之东，与虎踞在南京城西的清凉山（石头山）遥相对峙，故诗中有"虎踞龙盘"之说。

紫金山的名字是别有一番来历的。相传当年楚怀王灭越时，为了镇压"王气"，曾在此地埋金，故有金陵山之称。所谓"金陵"乃黄金之陵墓也，这也是南京的古称"金陵"的来历。东晋时因该山北坡裸露的紫红色页岩，在阳光下闪烁着紫金色的光芒，故又称为紫金山。

紫金山东西走向，由小茅山、北高峰、天堡山组成。中间主峰北高峰海拔 449 米，居群山之首；东边是第二峰，名为小茅山，海拔 350 米；西边为第三峰，称为天堡山。紫金山东西长 7.8 千米，南北宽约 3 千米，面积约为 30 平方千米。紫金山西段余脉经太平门延伸入城，止于玄武湖畔的北极阁，那里是六朝时皇家花园所在地。

紫金山风景区名胜古迹很多，例如，半山园、中山陵、明孝陵、灵谷寺、天堡城、天文台等都集中在这里。当游人登临紫金山之巅，鸟瞰风景区全貌时，便会发现峰峦叠翠，林海苍茫，云遮雾绕，红墙碧瓦掩映在绿影薄霭之间，景色壮丽，令人慨叹。

在紫金山西南麓,距主峰 3.5 千米左右,有一片半山坡。那里曾有过一个绿树成荫、鸟语花香的园林。这就是宋仁宗时的宰相王安石,在变法新政受阻、官场失意后隐居的场所。王安石将此处定名为半山园,他在这里写过许多咏叹紫金山名胜的诗词,其中一阕《桂枝香》词写道:

登临送目,正故国晚秋,天气初肃。千里澄江似练,翠峰如簇。征帆去棹残阳里,背西风、酒旗斜矗。彩舟云淡,星河鹭起,画图难足。

念往昔,繁华竞逐。叹门外楼头,悲恨相续。千古凭高对此,谩嗟荣辱。六朝旧事随流水,但寒烟、芳草凝绿。至今商女,时时犹唱,《后庭》遗曲。

这阕词充分地表现了作者身在南朝古都、金陵胜地,时值深秋傍晚,临江览胜,凭高吊古的情怀。自古以来,凡有抱负的文人雅士,一旦登高远眺,便会涌起满怀愁绪。那愁绪绝不是个人之私情,而常常是由于光阴的飞逝,仕途的坎坷,国家的忧患,人生的艰苦,所激起的悲天悯人之情。正是在这种情绪的激励下,作者才奋笔写下了这样传世的佳作。

如果说王安石在上面这首词中是借景抒情的话,那么,他在《游钟山》一诗中,则直接抒发对山景的深情,这是人与自然直接交往的感受,请看该诗中如下几句：

终日看山不厌山，买山终待老山间。

山花落尽山长在，山水空流山自闲。

王安石故居在现在的半山亭的后面，现已列为文物保护单位。

中山陵是我国近代伟大的民主革命先行者孙中山先生的陵墓，位于紫金山中部第二峰小茅山南麓。陵墓呈木铎式，傍山而筑，由南往北逐级升高，依次为牌坊、墓道、陵门、碑亭、平台，最后是祭堂和墓室。此陵墓是由建筑师吕彦直设计并主持建造的。

从陵门至祭堂和墓室，共有石阶392级，清一色都是用花岗岩堆砌而成的。当游人拾阶而上，仰首遥望，那银光闪烁的墓顶宛若祥云缭绕的宇宫，心头顿生一种景仰之感。走上台阶，步入祭堂，孙中山先生大理石全身坐像便映入眼帘。雕像出于世界著名雕刻家保罗·朗特斯基之手，生动逼真，惟妙惟肖。像座四周有反映孙中山先生革命事迹的浮雕。在祭堂四壁的下半部，嵌着黑色大理石。东、西两壁分别刻着孙中山先生手迹"建国大纲"，后壁刻着胡汉民、谭延闿等人书写的"总理遗嘱"。

祭堂后面是墓室，墓室正中是圆形大理石塘，有栏杆围护，中央是方形墓穴，下面安放着孙中山先生的遗体，上面镌有大理石的孙中山先生长眠卧像。卧像是由日本著名雕塑家高崎先生精镌而成的。

中山陵陵园总面积约30平方千米，其中林地面积约21平方千米。陵园内满山遍野，苍松堆绿，翠柏叠荫，环境幽静，景色宜人；整个陵区建筑群，布局严整，气势雄伟，可称得上紫金山风景名胜区的精华。

在紫金山南麓独龙阜玩珠峰下，曾有一片宫殿巍峨、楼阁壮丽的皇家禁地，明朝开国皇帝太祖朱元璋就埋葬在这里。这片陵区从洪武十四年（1381年）开始营建，次年葬入马皇后。因马皇后谥"孝慈"，故称为"明孝陵"。朱元璋死后葬入时，殉葬宫人10余名，从葬嫔妃46人。可见明朝殉葬、从葬宫人和嫔妃的先例，是始于朱元璋的。

　　明孝陵被掩映于一片苍松翠柏之中,一过金水桥便是神道,从下马坊起,途经神烈山碑、大金门、红门和西红门、四方城,到石刻止。石刻由十二对石兽、一对石柱、四对石人和一座棂星门组成,排成 800 米长列,显得十分壮观。山上遍植梅花,每当梅花盛开时节,如云铺地,清香淡雅,是赏梅的胜地。神道的尽头,便是陵墓的主体建筑。从石桥起,包括正门、碑亭、宫殿、大石桥、方城、宝城等，如今地面建筑所剩无几。尚存的石桥、碑亭、宫殿和宝城等多为清代所修。宝城又叫宝顶，是一个直径约400米的土丘，上植松柏，下葬朱元璋和马皇后。宝城之后是独龙阜，有石刻："此山为明太祖之墓"。

在中山陵东边有一座被苍松掩映的寺院，青砖绿苔，小桥流水，景色甚幽。这就是金陵四十八景之一的灵谷寺。它的前身是开善寺，原在紫金山南麓独龙阜，南朝梁天监十三年（公元514年），梁武帝萧衍葬宝志和尚于独龙阜，建开善精舍，并造志公塔，唐代称宝公院，北宋时改称太平兴国禅寺，明初改名蒋山寺。在朱元璋营建明孝陵时，将该寺和塔迁至于此，并更名为灵谷寺。当时的规模很大，从山门到大殿约2.5千米之遥。寺内有无梁殿一座，此殿从基到顶，全用砖砌，竟无一寸木材，其建造年代之久远，结构之坚固，气势之宏伟，堪称我国砖石建筑之魁首。

无梁殿后面是松风阁，阁西是石制的宝公塔，塔前正面是"三绝"碑，碑上刻有梁代著名高僧宝志和尚（宝公）的像，为唐代名画家吴道子所画，像赞为大诗人李白所提，字为书法家颜真卿所写，故有"三绝"的称谓。

松风阁后面为灵谷塔。这是一座近代的建筑物，该塔九层八面，高达66米，塔中心有螺旋形转梯直上顶层，游人可以攀登。在春夏之交登临塔顶，迎着习习的凉风，放眼环顾四周景色，只见松涛翻腾，雾霭茫茫，一派壮丽的景象。

现在，灵谷寺风景区内原有的建筑大都恢复了原有的风貌，经修整对外开放的景点，都具有花香鸟语，流水潺潺，曲径通幽的韵味。

南京紫金山风景区，除了上面介绍的几个景区之外，还有天堡城、天文台、九华山、北极阁等，可以说名胜古迹众多，山水城楼浑然一体，加以林木葱郁，奇花异草繁茂，是个绝妙的旅游胜地。

莫愁女子好命苦，惹人闲愁莫愁湖

从南京城水西门大街漫步西游，过了秦淮河桥，便来到一处波平浪静、楼台倒映、幽静典雅的山水园林区。这就是素有"金陵第一名胜"和"南京第一湖"美誉的莫愁湖。

说起莫愁湖名字的由来，还有一段生动曲折、悲凉凄恻的故事。相传从前河南洛阳有个勤劳、善良、聪明、美丽的少女，名叫莫愁。因家境贫寒，无钱处理父亲丧事，她便忍痛含悲卖身葬父。时值建康（今南京）的巨贾卢员外经商路过那里，便买下了莫愁女。从此，莫愁女便辞别寡母和"青梅竹马"的意中人，走上了背井离乡、令人堪愁的人生之路。她在忍耐中，默默地吞咽下别愁离苦。她跟卢员外来到建康，嫁给卢员外15岁的儿子为妻，后来生下一子。不久，边疆发生了战争，她丈夫从军奔赴边关，不料一去数年，音信皆无。她终日里担心戍边的丈夫，思念远在中原的母亲，心中该有多少愁苦啊！她在忍耐中默默地把愁苦吞咽了。这位天性善良的女子还时时为他人排忧解难。她经常用自己积蓄的钱财接济乡邻，为穷苦人采药治病，深受乡邻的爱戴。但也惹来一些闲言碎语，最不能忍受的是卢员外诬陷她偷窃。莫愁女不堪遭此凌辱，便投身石城湖死了。后人为了纪念她，将石城湖连同卢家花园一并称为莫愁湖。

本来，山水名胜就容易激起人们的感怀，加之又有莫愁女凄婉故事的感染，所以，自古以来，不少文人雅士对莫愁湖和莫愁女作过吟咏，留下不少脍炙人口的诗篇。清代钱塘诗人袁枚曾将莫愁湖描写为：

欲将西子莫愁比,难向烟波判是非。

但觉西湖输一着,江帆云外拍云飞。

1931年,鲁迅先生曾在赠日本友人白莲女士《无题》中写道:

雨花台边埋断戟,莫愁湖里余微波。

所思美人不可见,归忆江天发浩歌。

据考证,现在的莫愁湖所在地,六朝时还是大江的一部分,唐时叫横塘,北宋乐史著《太平寰宇记》中才有莫愁湖的名字。明初在湖上筑楼,称为胜棋楼。清乾隆五十八年(1793年),江宁知府李尧栋营建郁金堂、湖心亭、赏荷亭、光华亭;道光年间建六宜亭、长廊和曲榭。咸丰时被毁,同治年间再建。1929年辟为公园,1953年起进行大规模修缮,增建湖心亭、待渡亭、水榭、露天舞台、曲廊等,并在郁金堂西重雕莫愁女像一尊。

在细雨蒙蒙的早晨,当你踏着被烟雨滋润得闪闪发亮的卵石小径,穿过朱红曲廊,步入古朴典雅的郁金堂时,便会发现那里陈设着雕刻精美的家具以及一些古代名画,相传这里就是当年莫愁女的地方,她在这里想母恩夫,正可谓:

郁金堂里郁金香,香飘逸远愁绪长。

寂静凄清思母婿,苍台露冷衿怵凉。

出了郁金堂来到荷花厅,只见一池莲花碧水,烘托一尊洁白、清秀、健美的女子雕像。那位冰清玉洁、出淤泥而不染的女子,自然是此处园林的主体莫愁女。凝望着她的高洁的玉质,想着她凄苦的身世,人类优美天性中的同情心以及油然而生的审美感,顿时化作无限的思念和缅怀。

公园中的胜棋楼不仅建筑精美,甚至连它的名字也是别有一番来历的。相传明太祖朱元璋在南京当了皇帝之后,常在这里与开国元勋中山王徐达对弈围棋。一天,朱元璋棋输了,便把整座楼连同莫愁湖都赐给了徐达。胜棋楼的名字就是这么来的,所谓"胜棋"是指徐达胜棋,皇帝

输棋。在胜棋楼里还挂一幅朱元璋和徐达对弈图,传神而又逼真,并且还有著名女书法家萧娴的对联:"钟阜开基,石城对弈。"

在烟雨迷蒙的气氛中,登上湖心亭,那是别有一番诗意的:遥望雨雾中穿梭的飞燕,耳听着远近溅花的游鱼,沐浴着带雨的凉风,浑身荡起一股微寒的惬意。这时,你的心头也许掠过一丝莫名的哀愁,但那轻微的哀愁正像轻微的寒意一样,让人从尘世间燥热的喧闹中解脱出来,使人精神清醒,灵魂净化,使人与大自然相融合,使自然之美与人性之美相融合,这也许就是园林景胜陶冶人性情的道理所在吧?

周秦汉唐古城阙，人世沧桑总无情

古城西安，人们对它并不陌生。它位于关中平原的中部，南靠终南山、翠华山，东倚骊山、华山；北有泾、渭等诸水环绕，风景绮丽，地势险要，土地肥沃，是八百里秦川上的一颗璀璨明珠。

古城西安

西安是我国四大古都（西安、北京、洛阳、南京）之一。自从约公元前1134年周文王（姬昌）建都于沣水西岸的丰邑；周武王（姬发）迁都于沣水以东的镐京；秦孝公（嬴渠梁）建都于渭水之滨的咸阳；西汉惠帝（刘盈）建都于渭水南岸，这便是举世闻名的长安古城。以后在这里建都的还有西晋、前赵、前秦、后秦、西魏、北周和隋、唐等11个朝代。此外，新莽和农民起义领袖黄巢（大齐）、李自成（大顺），也曾先后把西安定为国都。西安在我国四大古都中，是建都最早，历时最长的首都。在我国有文字记载的4000余年的历史中，大约有四分之一时间，奴隶主和封建帝王都把他们的最高的统治机关集中在西安。因此，古城西安的兴衰演化轨迹，反映了中国古代历史兴衰演化的道路。

古城西安的城址几经变化，到了唐代西安城达到了一个鼎盛时期，城区近似正方形，周长约 35 千米，东西长约 10 千米，南北长约 8 千米，城内面积约 80 平方千米。全城分宫城、皇城和廓城三部分。

宫城位于城的北部中央，是封建皇帝进行日常活动和后妃太子们居住、游玩的地方，相当于北京故宫的"内廷"，或者说，故宫的"内廷"是模仿古都长安的宫城建造的。宫城呈长方形，东西长 2.5 千米，南北宽 1 千米，总面积约 2.5 平方千米。

皇城位于宫城南面，两者的关系恰似北京故宫的"外朝"与"内廷"的关系。皇城相当于"外朝"。城内是中央官署等行政机构以及社稷坛和宗庙，这里是皇帝举行大典和召见群臣、行使统治权力的场所。

宫城和皇城以外叫廓城，这是市民居住区和工商业区。城内的街道走向都是正南正北、正东正西，几乎没有一条斜路和弯路，11 条南北大街和 14 条东西大街纵横相交，把全城划为 110 个长方形区域（称之为坊），使整个城市呈棋盘式的结构。这种街道布局在世界城市群中是很少见的，据说只有日本古都京都城的街道布局与此相似，那是因为京都城是仿照西安设计的。从城市设计和规划的观点来看，只有在规划意识极强的新建城市里，才有可能形成这种结构划一，布局严整的城市格局。从城市规划和建筑的程序来讲，是先确定街道的位置，并以此为框架划定居民点和工商区的位置；而一般城市规划和建设的程序却与此相反：是先修建住宅和工商业建筑物，然后作为各种建筑物的联系线路，自然而然地形成街道。所以，西安市的特殊城市格局的形成，是与其以道路为纲的城市规划思想密切相关的。其次，这种特殊城市格局的形成，也是与强烈的规划意识以及坚定地执行规划的意志密切相关。可以设想，如果没有明确的城市规划和设计，自由地和自发地发展起来的城市，是绝不会有如此严整的城市布局的。

当年，隋文帝杨坚统一中国后，感到屡遭破坏的原汉时的长安城已不适应统一兴盛的国家的需要,于是,决定在汉长安城的东南,选定一块自然条件好、面积更辽阔的土地,作为隋王朝首都所在地。隋文帝让当时我国的大建筑家、太子左庶子宇文恺作筹建都城的"总工程师"。规模宏大、布局严谨、排列整齐的长安城的格局,就是这位工程总指挥宇文恺奠定的。显然,他的城市规划与实施是靠着强有力的皇权推行的。

唐时长安城的人口已达到 120 万,是当时世界最大城市之一。当时,它在人们心目中的地位,就像今天的首都北京,以至许多文人不直接称它为长安,而尊称它为"帝京""帝都"或者"帝城"。尤其是一些久别长安寄身他乡的人,总魂牵梦绕地思念着长安。以大诗人李白、杜甫为例,他们或受贬他乡或云游异地时,总念念不忘长安城,写下不少动情感人的诗句。例如,李白在《单父东楼秋夜送族弟沈之秦》一诗中,有一段写道:

> 明月斗酒别,惆怅清路尘。
>
> 遥望长安日,不见长安人。

他在《与史郎中钦听黄鹤楼上吹笛》一诗中写道:

> 一为迁客去长沙,西望长安不见家。
>
> 黄鹤楼中吹玉笛,江城五月落梅花。

他在《登金陵凤凰台》一诗中写道:

> 凤凰台上凤凰游,凤去台空江自流。
>
> 吴宫花草埋幽径,晋代衣冠成古丘。
>
> 三山半落青天外,一水中分白鹭洲。
>
> 总为浮云能蔽日,长安不见使人愁。

杜甫在《小寒食舟中作》一诗中写道:

> 佳辰强饮食犹寒,隐几萧条戴鹖冠。
>
> 春水船如天上坐,老年花似雾中看。
>
> 娟娟戏蝶过闲幔,片片轻鸥下急湍。
>
> 云白山青万余里,愁看直北是长安。

诗人们这种眷恋京城的感情是多么真挚、多么深沉!他们那发自肺腑的感人诗句,让人看到长安在他们的心目中占有何等重要的位置。

唐代的长安是我国政治、经济、文化的中心,也是对外经济贸易和文化交流的中心。古代的"丝绸之路"就是从这里开始,联系着西亚和西南亚诸国。唐代高僧玄奘去天竺国(印度)取经就是从这里出发。从这里向东,东渡扶桑将中国文化传到日本;从这里向东南,出武关,下襄樊,抵广州,漂洋过海,将中国的文化扩散到南洋。同时,不少外国使臣和留学生也按着上述路线来到长安,进行国事交流和文化考察。盛唐时代可以说是中国封建社会所仅有的、盛况空前的对外开放时期,而这对外开放的中心地就是长安。

然而,令人感到遗憾的是,这座经隋、唐两代修建的驰名中外的历史名城,自从安史之乱以后,便开始步入它的衰败期。几经战乱的浩劫,当年富丽堂皇的建筑,大都变成一片废墟。面对这座瓦砾成堆的废都,人们无不感伤这出历史的悲剧,唐末诗人韦庄在《秦妇吟》中写道:

> 长安寂寂今何有?废市荒街麦苗秀。
>
> 采樵砍尽杏园花,修寨诛残御沟柳。
>
> 华轩绣毂皆销散,甲第朱门无一半。
>
> 含元殿上狐兔行,花萼楼前荆棘满。
>
> 昔时繁盛今埋没,举目凄凉无故物。
>
> 内库烧为锦绣灰,天街踏尽公卿骨。

整篇诗的字里行间都发出诗人对繁盛京城衰败的伤心和感叹。

对长安城进行最后一次毁灭性破坏的罪魁祸首是朱温。公元904年,朱温胁迫唐昭宗迁都洛阳,同时,用武力强迫百姓挨门挨户拆毁房屋,将拆下的房木抛进渭河随水飘去,逼得百姓哭喊连天。经过这场灭绝人性的摧残和浩劫,雄伟壮丽的长安城便化为一片废墟。

在朱温彻底摧毁长安城的当年,驻守长安的唐朝佑国军节度使韩建,在旧城的废墟上重建一个缩小了的"新城"。这就是后来五代、宋、元时长安城。

随着李唐王朝的灭亡,中原地区战乱的频繁,中国的经济和文化的中心开始转向东南沿海地区,从此,西安再也没重新成为全国政治、经济和文化的中心。

　　新中国建立后,古城西安又焕发出青春,工农业生产和文化教育事业有了重大的发展,同时,以它丰富多彩的名胜古迹招徕八方游客,使它成为举世瞩目的旅游胜地。

洹水安阳名不虚,三千年前是帝都

"洹水安阳名不虚,三千年前是帝都。"在著名文学家、历史学家郭沫若如此曼妙的笔触之下,描绘出了中国八大古都之一——安阳的风采。

　　安阳位于河南省最北部,地处晋、冀、豫三省交会处,面积 7413 平方千米,海拔 48.4－1632 米。安阳地处北暖温带,属大陆性季风气候,四季分明,水温适宜,是居家旅游的极佳选择。

　　安阳是一座集 3000 多年历史和自然文化遗产于一体的文化名城,是中华民族古老文化的重要发祥地之一。

　　殷墟,位于中国历史文化名城——安阳西北郊,横跨洹河南北两岸。古称"北蒙",又称"殷虚""殷邑",甲骨卜辞中又称为"大邑商""商邑",是中国商代晚期的都城,也是中国历史上第一个有文献可考、并为甲骨文和考古发掘所证实的古代都城遗址,距今已有约3300年的历史。自公元前1300年盘庚迁殷,到公元前1046年帝辛亡国的255年间,这里一直是中国商代晚期的政治、经济、军事、文化中心。商灭亡后这里沦为废墟。

殷墟规模巨大,范围广阔。东起郭家湾,西至北辛庄,南起刘家庄,北至后营,东北至三家庄,长约6千米,宽约5千米,总面积约24平方千米。殷墟的总体布局以小屯宫殿宗庙区为中心,沿洹河两岸呈环形放射状分布,是一座开放性质的古代都城。现存有宫殿宗庙区、王陵区、后冈遗址和众多部落遗址(族邑)、家族墓地群、甲骨窖穴、铸铜作坊、制玉作坊、制骨作坊等众多遗迹。雄伟壮阔的宫殿宗庙建筑基址、等级森严的王陵大墓、星罗棋布的居住遗址、家族墓地,密布其间的手工业作坊和以甲骨文、青铜器为代表的丰富的文化遗存,构成了殷墟独特的文化内涵,展现出这座殷商王都的宏大规模和王者气派。

殷墟由三部分组成:

一、殷墟王陵遗址(世界"第二个古埃及")

殷墟王陵遗址位于著名的洹水北岸,是商王朝的皇家陵地与祭祀场所、举世闻名的司母戊鼎的出土地。王陵遗址东西长约450米,南北宽约250米,总面积约12万平方米。从20世纪30年代至今,在这里相继发现了13座王陵大墓(包括一座未完成的大墓)、2000多座陪葬墓、祭祀坑与车马坑,出土了数量众多、制作精美的青铜器、玉器、石器、陶器等,被学术界公认为殷商时期的王陵所在,是中国古代文化艺术宝库中璀璨的明珠。

二、宫殿宗庙遗址

宫殿宗庙遗址又被称为殷墟宫殿区,这里发掘的53座建筑基址,是殷墟宫殿宗庙区的主体和殷王都全盘规划、布局结构的重心所在,被考古学者划分为甲、乙、丙三组基址。甲组建筑基址共发现15座,是宫殿宗庙区内建设时间最早、使用时间最长的建筑,被认为是商王室的宫室、寝居之所。乙组建筑共发现21座，多数结构繁复，面积巨大，互相连属。这些建筑被认为是殷王室的宗庙建筑。丙组共发现17座，被认为是商王室的祭坛建筑。目前，在宫殿宗庙区已发现大型夯土建筑基址80余座。这些建筑基址形制阔大、气势恢宏、布局严整，按照中国古代宫殿建筑"前朝后寝、左祖右社"的格局，依次排列，分布在以宫殿区为中心的范围内。

三、洹北商城遗址

洹北商城遗址位于殷墟保护区东北部，其西南就是传统意义上的殷墟遗址，二者略有重叠。城址略呈方形，南北长2.2千米，东西宽2.15千米，总面积约4.7平方千米。四周已确认有夯土夯筑的城墙基槽。

而洹北商城的宫殿区位于城址南北中轴线南段，显示出我国城市布局的早期特征，是城内核心部分。其南北长500米以上，东西宽200米以上。宫殿区内现已发现大型夯土基址30余处。其中规模最大的一处基址为一号宫殿基址。

一号宫殿基址位于宫殿区东南、南北中轴线南段，东西长173米，南北宽约90米，面积达1.6万平方米，整体结构呈"回"字形，很像今天的"四合院"。方向与城的方向一致。

整个基址的建筑物部分由门塾（包括两个门道）、主殿、主殿两旁的廊庑、西配殿、门塾两旁的长廊组成。预计尚未发掘的基址东部还应有东配殿。廊庑和门塾位于宫殿南部。门塾居中，两侧是廊庑。两条宽约4米的门道穿过门塾，直达宫殿的庭院。庭院南北宽68米、东西长140余米，是商王召集大臣等人开大会的地方。门塾内外两侧现已发现20余处祭祀坑。

考证发现，这座宫殿建筑结构严谨，使用的建筑材料也十分讲究。比如精细的夯土，多种规格的土坯，精心加工的方形和圆形廊柱，以及用苇束为骨的抹泥屋顶等。还发现大量用草和泥混合制成的土坯，这种类似早期砖的建筑材料，在殷墟一带考古发掘中也是首次发现。

另外，根据目前的考古发现，洹北商城遗址的年代略晚于郑州早商文化,早于传统意义上殷墟的晚商文化,因而这处商城很可能是商代中后期的一处都邑遗址。

甲骨文,作为一种古老的文字,最先发现于安阳小屯村一带,是商王盘庚迁殷以后到纣王亡国时的遗物(公元前 14 世纪中期—前 11 世纪中期),距今已 3000 多年。

殷代人用龟甲、兽骨(主要是牛肩胛骨)占卜。在占卜后把占卜日期、占卜者的名字、所占卜的事情用刀刻在卜兆的旁边,有的还把若干日后的吉凶应验也刻上去,最详细的一条将近 100 字。学者称这种记录为卜辞,这种文字为甲骨文。甲骨文开始出现时,并未引起人们的关注,1899 年王懿荣辨认出其是商代文字,开始从事收集工作。1903 年刘鹗拓印《铁云藏龟》。早期的研究者有孙诒让、罗振玉、王国维等。罗振玉又搜集实物拓印为《殷虚书契》等,并作考释。安阳殷墟考古发掘始于1928 年,连续八九年,最大的收获是 1936 年夏发掘的第 127 号坑,出土甲骨文 1.7 万多片。综合先后所得加以拼缀挑选,编印为《殷虚文字·甲编》和《乙编》,共收甲骨 13047 片。董作宾根据发掘材料作《甲骨文断代研究例》,分甲骨文为 5 期,对文字的文法、字形、书体等的演变有所阐述,其后时有修正。甲骨文考释方面学者颇多,成绩突出的有郭沫若、唐兰、于省吾等。孙海波采集编印为《甲骨文编》,初版在 1934 年,1964 年修正再版。中华人民共和国建立后,中国社会科学院历史研究所汇集 1899 年以来 80 年间安阳殷墟出土的甲骨文,公私收藏以及流传海外的共 41956片,由郭沫若主编,胡厚宣总编辑具体指导,编印为《甲骨文合集》。考古研究所于 20 世纪 70 年代在殷墟发掘所得甲骨 4589 片,由钟少林等 5 人编著《小屯南地甲骨》,增加了一批重要的资料。

大约 25000 年前安阳便出现了原始人洞穴的"小南海文化",后冈的仰韶、龙山、小屯三层文化的地层"叠压"出了安阳乃至中国文化的悠久历史,大约 4000 年前的古帝颛顼、帝喾(kù)纪念陵更烘托出了古都的庄严气质。在古都安阳,您可以找回对中国古代朝野的深刻记忆:全国第一个甲骨文档案库、青铜器之冠"司母戊鼎"、第一个女将军妇好墓、最后一个"皇帝"袁世凯的陵墓——袁林、第一座国家监狱羑里城,号称"河朔第一古刹"灵泉寺和万佛沟、宋代西门大夫庙记石碑和人称"四绝"的宋代昼锦堂记碑,后周文峰塔、唐代修定寺塔、宋代明福寺塔,明清古建筑群府——城隍庙、高阁寺、岳飞庙、古城角、钟楼等在中国历史博大的胸怀中闪烁着光芒。

盘庚迁都于殷,商王武丁中兴,奴隶傅说升相,妇好女将军挂帅,文王拘羑里而演《周易》,武王伐纣,西门豹治邺,苏秦洹上受印,蔺相如出生古相村,信陵君窃符救赵,扁鹊伏道遇害,项羽破釜沉舟,曹操发迹古邺城,农民义军雄踞瓦岗寨,宋朝宰相韩琦三治相州,岳飞精忠报国传千古等芳名百世的历史人物也成了安阳夜空里一颗颗闪烁的明星。

号称八百里太行山的太行魂——林虑山风景名胜区,被国际友人称为"世界第八大奇迹"的三千里人工天河——红旗渠,全国第一座国际航空旅游公园……让人目不暇接。

　　安阳,一座智慧与美貌并存,传统和现代共享的城市。沿着"寻根敬祖之旅"——这条国家级重点专项旅游线路,您可以沐浴安阳现代化的城市之风,拜谒古代历史遗产和文化名人的遗迹以及抗金名将岳飞故里,也可以去寻找大自然给予人类的厚待和祖先们创业开基的"根"。

龙门石窟白马寺,九朝故都成周城

当人们由北京出发去西安或经南线去兰州,过河南省会郑州后,列车便由南北向的京广线拐向东西向的陇海线,缓慢地向西行驶,爬上黄土高原,远远近近的山峰,高高低低的漫岭,不时地在眼前闪过,使人有一点儿如履窄谷的压抑之感。可是,当列车穿过几道山洞之后,喷云吐雾地驶进一个宽敞的盆地时,人们顿觉心胸开阔,只见朦胧的远山环绕着一片绿色的平原:北倚邙岭,南屏嵩岳,东临虎牢关,西连秦岭,洛阳宛如一颗明珠镶嵌在这片绿色平原中。

洛阳是我国四大古都之一,先后在洛阳建过都的王朝有东周、东汉、曹魏、西晋、北魏、隋、唐、后梁、后唐、后晋等。

历史悠久的洛阳,不仅是我国古代政治、经济的中心,而且也是我国古代文化的中心。我国经学、佛学和理学的三大学派的主流就发源在这里。因此,当年大批文人学士纷至沓来,趋之若鹜,不少学者在这里完成了名垂青史的著述:司马光写下了历史巨著《资治通鉴》,班固编著了《汉书》,西汉小说家虞初写成了通俗周史演义——《周说》,张衡创制了浑天仪和候风地动仪,白居易晚年在此为闲云野鹤,左思写下了名为《三都赋》的惊世之作……

作为十朝故都的洛阳,名胜古迹也是数不胜数的。城南的龙门石窟,城东的白马寺,西城外的周公庙,还有汉魏故城遗址、西周王城、隋唐故城遗址、关林和大量的古墓葬以及驰名全国的园林,这都是举世称道的。

提起龙门石窟,几乎无人不晓。它与敦煌壁画齐名,是享誉中外的艺术宝库。在洛阳市南 13 千米的伊河两岸,峙立两座陡峭的大山,密如蜂窝一般的洞龛遍布于崖壁上,这就是举世闻名的龙门石窟。

龙门石窟始建于北魏孝文帝迁都洛阳(公元 493 年)前后,历经东西魏、北齐、隋、唐、北宋 400 余年的大规模营造,在两山建造的窟龛 2100 多个,造像 10 万余尊,题记和其他碑刻 3600 多件,佛塔 40 余座。石窟飞天的气势,飘逸的神姿,优雅的坐态,令人叫绝。龙门石窟的题记、碑刻,如著名的"龙门二十品"和唐代著名书法家褚遂良书写的"伊阙佛龛之碑"等,都是我国书法艺术的珍品。

观赏龙门石窟一龛一洞精雕细刻的伟大作品之后,人们在惊叹和兴奋之余,不能不向当年这些付出辛劳的雕塑家们表示由衷的敬意,他们中有的人将毕生的精力倾注在龙门石雕事业上了,尽管人们还不知道他们的名字,但是,那一龛龛的雕像,犹如一座座丰碑,永远记载着他们的不可磨灭的功绩。

在洛阳城东18千米处，有一座黄墙古刹掩映在一片古松翠柏之中，这就是我国第一佛寺——白马寺。该寺建于东汉永平十一年（公元68年），至今已有1900多年的历史了。

相传东汉时期，汉明帝夜里梦见一个身高六尺、项有白光的金人在宫殿飞行，梦醒方知此乃西方的佛。他便派蔡愔（yīn）、秦景等人去西域求取佛经。在大月氏遇见来自天竺的迦叶摩腾和竺法兰二僧，便将他们接回洛阳。次年建寺，因迎接天竺二僧时以白马驮经，故曰白马寺。该寺原建筑十分宏伟，现仅存天王殿、大佛殿、大雄殿、接引殿、毗卢阁等建筑。山门内东西两侧有当年来中国传教的迦叶摩腾和竺法兰两僧墓。寺院大门口甬路两旁对立的两匹石马，呈沉着负重神态，这表示纪念当年历尽千辛万苦驮经的白马，向游客点明寺庙名称的由来。大雄宝殿内的三世佛、二天将、十八罗汉是元代用"夹纻干漆"的方法制作的神像。寺内所藏唐代经幢、元代碑刻都有很高的艺术价值。寺庙东屹立一座高24米的齐云塔，是金大定十五年（公元1175年）建造的，从远处望去非常壮丽。

白马寺内有一座高约6米的清凉台，上植古柏，并建有廊庑相属的高阁，与大雄宝殿对峙成趣。据说清凉台是汉明帝幼年读书的地方，我国第一部汉文佛经《四十二章经》就诞生在这里。白马寺是闻名中外的旅游景点，它背靠邙山，南临洛河，环境清幽，林深夜寂，古刹钟声，别有一番情趣。

洛阳还有一个别名——成周，这个名字的来历可相当久远了。大约3100多年前，周武王灭殷以后，洛阳就成了他的行都，称为"洛邑"。那时，周公（姬旦）营建了两座王城：一处王城遗址在现在的王城公园一带；另一处王城在白马寺东面，称为成周城。公元前770年，周平王把京都从镐京迁往洛阳,在那里建立了第一个王朝,拉开东周历史的帷幕。西汉刘邦称帝时,起初定都洛阳,后来才迁都长安;刘秀建立东汉王朝时,建都于洛阳;随后,三国曹魏、西晋、北魏等朝代先后在此建都。汉魏洛阳故城在今洛阳市东6千米处。故城东起寺里碑村,西到白马寺,南临大郊村,北至邙山,洛河穿城而过。故城的三面城墙至今尚存,只是城南面的城墙早被洛河冲毁。如今登高俯视,寻着残垣断壁,故城轮廓还依稀可辨。

在洛阳南郊约7千米之遥,有一座古刹,古柏参天,翠蓊苍郁,景色甚佳。相传三国时期蜀汉大将关羽首级就埋葬在这里,墓冢高大,犹如土丘,加以松柏掩映,显得庄严、肃穆。这就是洛阳古迹之一"关林"。"关林"名称的由来,自有它的道理。古代对帝王将相和圣贤人的坟墓称呼是讲究等级的:古代皇帝墓称"陵",王侯墓称"冢",圣人墓称"林"。关羽生前被封为"寿亭侯",又被称为"圣人"。因此,他的墓既可称为"关冢",又可称为"关林"。最后,被确定为"关林",有人便另寻解释的理由:认为关羽墓周围树木繁茂,蔚然成林,故而称之为"关林"。

冢前,有清人所立的"汉寿亭侯关云长之墓"石碑。碑前的关帝庙系明代建筑,由层层大殿、山门、戏楼构成一个整体。应该说明的是,虽然关公庙或关帝庙遍及全国许多城市和集镇,但是,在全国范围内作为祠庙来祭祀的只有四处:一处在关羽的老家,山西省运城市;一处在四川省成都市,在那里刘备为他的二弟造了个衣冠冢;一处在湖北省当阳市,在那里孙权埋葬了关羽的骸骨;还有一处,便是曹操埋葬关羽首级的洛阳关林。

游人走过仪门,便有一条幽静的石板甬道直通大殿。大殿内原来陈列的关羽头戴冕旒的帝王塑像,今天已经不复存在了。二殿内陈列着关羽的戎装塑像,威风凛凛,杀气腾腾,凤眼圆睁,虎视东南。关羽像两侧,是白脸关平和黑脸周仓,一个捧印,一个执刀,神态活现,威武异常。殿堂檐下是彩绘的关羽生平故事的连环画,包括桃园三结义、古城会斩蔡阳、抓放曹等情节。在关羽墓前的八卦亭中央,矗立着一块刻有康熙五年(公元 1666 年)敕封号"忠义神武灵佑仁勇威显关圣大帝林"的石碑。这些都表现了关羽在后人心目中的重要地位。

龙图坐镇开封府，北宋故都汴梁城

一 提起开封，人们脑海里便会立即浮现出一系列古人的名字和戏剧小说故事：威坐开封府衙、铁面无私的包文正，在这里铡过犯重婚罪并阴谋杀妻害子、逼死义士韩琪的陈世美；花和尚鲁智深倒拔垂杨柳，在大相国寺菜园子制伏了当地的泼皮；以算卦为幌子的宋献策，走街串巷，密谋造反起事；俊俏艺高的红娘子，在闹市的喝彩声中，表演走钢丝的绝技……这些故事虽然听来热闹、有趣，但却无据可考。不过，有一点却是定不可疑的事实，这就是开封作为历史古城，十朝都会，曾经十分兴隆、十分繁华。作为古代一个时期的政治、经济、文化中心，它像一块不朽的碑石，铭刻着中华民族在中原大地起伏兴衰的历史。

早在春秋时期，郑庄公在此修筑"仓城"；战国时期的魏、五代时期的后梁、后晋、后汉、后周和北宋、金等封建王朝以及元末农民起义军红巾军等相继在此建都。尤其是在北宋的160余年间，以汴梁（开封）为国都，曾盛极一时，成为当时世界繁华都会之一。因此，开封也是一个以文物古迹而著名的城市。

在开封城西北角，有一座建筑在13米高大墩基之上的殿宇，雕梁画栋，飞檐翘角，金黄琉璃瓦顶，沐浴阳光，闪闪生辉；云遮雾绕，瑞气千条。阶下，翠竹弄影，花草飘香，幽雅不让天宫。这就是开封的一景——龙亭。

龙亭原为宋代皇帝后花园的一部分。明朝初年，朱元璋第五子朱橚被封为周王，在宋旧皇宫的遗址上又修造了周王府。亭内高台原为周王府花园中的土山，因贮放煤炭，故称"煤山"。清康熙三十一年（公元1692年）在煤山旧址建"万寿亭",每逢皇帝生日或其他重大节日,开封满城文武官员便云聚于此,在香烟缭绕的气氛中,对着木制的"万岁牌"遥望京城叩首跪拜。康熙三十四年(公元 1695 年)纂修《开封府志》时,改称煤山为龙亭山,而在龙亭山上修建的遥拜"真龙天子"的亭子,也就顺理成章地被称为"龙亭"了。

离开龙亭向南走一段路程,便可饱览开封的另一景胜——铁塔。铁塔原名为开宝寺塔,俗称祐国寺塔。起初是北宋建筑家喻浩为开宝寺供奉佛骨建造的,后来因遭雷击起火。北宋皇祐元年(公元 1049 年),按照木塔的样式又修了这座铁塔。这座塔虽然名为"铁塔",其实并非铁铸,只是它的外壁镶砌的褐色琉璃砖的颜色与铁相似,因此,塔的全称是"铁色琉璃砖塔"。

铁塔是我国古典高空建筑的杰作,由台基、塔身、斗拱和塔刹四部分构成,八角十三层,高 50 余米。当初,台基周围有八棱方池,铁塔宛如海上灯塔破水而出,池

开封铁塔

北有拱形小桥与塔相通,台基南门题有"天下第一塔"的匾额。塔的每层均有门窗、飞檐、挑角、挂铃,风吹铃摇,叮当有声。塔内有梯,直通塔顶。游人登至塔顶,迎着扑面的凉风,极目远眺,只见绿色原野上蜿蜒的黄河锦似一条素练;而此时游客晃若驾云,飘飘欲仙,此情此景,有诗为证:

登临塔顶放眼量,青山绿水铺画廊。

顿觉此身非我有,祥云催我欲飞翔。

在开封东南隅,有一处草木繁茂、庙宇寂静的场所,这就是远近知名的禹王台。它的前身为"古吹台",相传 2500 多年前,晋国盲乐师师旷曾在这里演奏乐曲,后人为纪念他,便将这块高地起名为"吹台"。后来,梁王在此增筑吹台。传说大禹治水时曾住在此台上。明代,开封屡受黄河侵扰,人们怀念大禹,便将吹台改名为禹王台。

禹王台

禹王台是个占地不多的小丘,但是殿廊亭楼俱全,蝉鸣柳荫,幽香温馨,清净典雅,让人烦劳顿释。禹王台上有禹王庙大殿五间,殿前两庑各三间。又有东西两院,东院为三贤祠,西院为水德祠。三贤祠是为纪念唐代大诗人李白、杜甫和高适在此相聚而建立的。唐天宝三年(公元 744 年)春,三贤相携来到汴梁,乘兴登台,饮酒赋诗,纵论古今,被传为诗坛佳话。后为纪念李梦阳、何景明,合称五贤祠,以后又增高叔嗣,合称六贤祠。大殿院门有御书楼,楼内有清代皇帝康熙手书"功存河洛"的匾额一块,楼内嵌康有为禹王台诗石刻。御书楼向南有清代书写的"古吹台"木牌楼。

在开封市东南郊,与禹王台紧相邻,有一座奇特的砖砌宝塔,该塔原名为兴慈塔,建于北宋太平兴国二年(公元 977 年),因塔上建塔,故又俗称繁塔。

　　据文献记载,该塔原九层,在明朝初年被摧毁,只剩下三层,后来又在残存的三层的塔身上,加建七级小塔。原来的塔身是用一尺见方的面砖砌成的,每块砖上都有圆形佛龛。龛中均有佛像,大小不一,形态各异,刻工精湛,堪称宋代砖雕艺术的精品。塔内有木质楼板和梯道,可供游人登临塔顶。塔内各层石壁上还镶嵌着宋代石刻,其中《金刚般若波罗蜜经》《大方广圆觉修多罗了义经》等碑石,是研究佛教经典的珍贵资料。

　　相国寺坐落在开封的闹市区,是我国著名佛教寺院之一,始建于北齐天保六年(公元 555 年),后毁于兵火,唐时重建,后又毁于水患,清代又重建。

　　现在相国寺内的黄绿琉璃瓦封顶的藏经阁和大雄宝殿,是清朝乾隆年代的建筑。殿内有两件最珍奇的文物:一件是木雕密宗四面千手千眼观世音巨像,身高 7 米,全身贴金,据说为一棵大银杏树雕制而成,精美绝伦,为我国木雕艺术的杰作;另一件是钟楼内存放的清代巨钟,高约 4 米,重万余斤,有"相国霜钟"之誉,是珍稀的国宝。

天府锦绣芙蓉市，草堂江阁武侯祠

在锦似翠屏的四川盆地的西北部，在澄碧的岷江上游，镶嵌着一颗绚丽夺目的明珠，它就是四川省会成都。这座历史悠久的文化古城，因五代十国时期后蜀皇帝孟昶（chǎng）在城墙上遍植芙蓉，而得一花名，被称为"芙蓉城"或简称"蓉城"。

从有确切文字记载的时候算起，成都已经有2000多年历史了。远在春秋末期，古代蜀王开明氏就在今天的四川西部营建了"雏形"城市。公元前316年，秦惠王灭了蜀国，派张仪等人，仿照秦都咸阳的模式，修筑了大城（周长6千米）和少（古通"小"）城，并定名为成都。城上建造楼房，十分雄伟壮观。唐代诗人岑参赋诗赞曰：

常爱张仪楼，西山正相当。

千峰带积雪，百里临城墙。

烟氛扫晴空，草树映朝光。

车马隘百井，里闬盘二江。

诗中描写了当时的城池优美风光和兴旺景象：远处，西山千峰映雪；近处，烟雾、草木迎霞光，车水马龙充隘市井，两条清江绕过城郭。

汉武帝元封五年（公元前106年），武帝将天下分为十三郡，设州，置刺史。当时成都属于蜀郡益州。汉时，蜀郡丝纺业很发达，制种、取茧、抽丝和纺织等各道工序已经专业化，官府为了管理大量官奴从事织锦生产，在该城内外分别设立锦官城和车官城。

锦官城设在成都的南门外，那里围墙高筑，森严壁垒，犹如城堡，实则乃是监督官奴生产织锦的一座丝绸厂。当时的织锦业受到官府的很大重视,连流经城南的府河也被称为锦江,成都也因而得到了"锦官城"这一别名。

在成都西门设置的车官城,专门负责管理运送人货以及征战用的车辆和车夫。由于织锦业备受重视,锦官城便闻名遐迩,而车官城却鲜为人知。

秦汉以后,2000多年来,成都的建制虽几经更迭,城市的修筑也时有兴废,但是,城池的地址一直没变,这一点与其他历史古城,尤其是古城长安,是不同的。

张仪建城以后,成都城池经过了几次大规模的修筑。其中,一次规模最大的修建,发生在唐僖宗乾符三年(公元876年),当时动用民工10万人,整个工程费时960万个工作日。诗人顾云在其《筑城篇》中描绘当时火热而壮观的劳动场面时写道:

　　风吹四面旌旗动,火焰相烧满天赤。

　　散花楼晚挂残虹,濯锦江秋澄倒碧。

正是这种宏伟壮观的劳动场面,才塑造了花团锦簇般的蓉城的多彩姿容。

成都,是一个具有悠久政治传统的城市。在历史上,它曾是成家、蜀汉、大成、前蜀、后蜀等王朝的国都,又是北宋义军领袖王小波、李顺建立的大蜀政权和明末义军领袖张献忠建立的大西政权的政治中心。

成都,又是一个具有悠久文化传统的城市。早在公元前170年左右,成都就出现了学宫,这是有史以来最早的一所官办学校。由于文化教育事业的发达,成都人才辈出,在文学、音乐、美术、医学和史学等领域都出现过杰出的人物,在中华民族的文明史册上,写下了光辉的篇章。尤其令人称道的是,成都的文物古迹,海内外闻名,其中,古朴简素的杜甫草堂,宏伟壮观的武侯祠,幽静典雅的望江楼,古老神奇的青羊宫道观以及庄严肃穆的五代前蜀皇帝王建的陵墓,都令人叹为观止。

杜甫草堂

唐代大诗人杜甫,因避"安史之乱",由陕入川,于公元759年冬天来到成都西郊,在浣花溪畔,修了一栋茅舍,这就是他在蜀生活近四年,读书写作、安身立命的杜甫草堂。他在这里写下诗文240余首,《茅屋为秋风所破歌》等名篇,便是在此茅舍写成的。当年杜甫用"清江一曲抱村流,长夏江村事事幽"的诗句来描绘草堂及其环境。

杜甫草堂

草堂大门两侧有一副对联:"万里桥西宅,百花潭北庄"。杜甫写的这副咏草堂的对联是有出处的。原来,浣花溪上游的一段江流,是当年百花潭的遗址;浣花溪下游直通锦江,有万里桥飞架江上,由上述对联可断定,草堂位于万里桥西边、百花潭北侧。

走进草堂大门,大廨、诗史堂、工部祠三重古雅的厅堂,便在一条正对大门的中轴线上,依次出现在游人面前。

大廨是座敞厅,两侧壁柱上挂着清人顾复初书写的长联:"异代不同时,问如此江山,龙盘虎卧几诗客;先生亦流寓,有长留天地,月白风清一草堂"。

大廨后面是诗史堂,堂正中安放着古铜色的杜甫全身塑像。诗人那背手捋须、凝神沉思的状态,似在沉吟赞美自然的诗句,又像思索悲辛人生的哲理。

堂后有一座小桥直通柴门,桥下潺潺溪水,傍花径,穿水槛,缓缓地流淌着。从柴门到工部祠,是一条红墙对峙的夹道,墙头爬满刺玫,绽开的花朵争奇斗妍,幽香飘逸,正是当年杜甫在诗中曾描写过的"花径不曾缘客归,蓬门今始为君开"的意境。

出花径便是工部祠。工部之称的由来,是因为杜甫曾任过节度参谋检校工部员外郎。祠内有杜甫泥塑像和明、清两代石刻像。两侧还有宋代著名诗人陆游、黄庭坚的泥塑像、石刻像及清代的草堂石刻图。为什么在杜甫草堂安放陆、黄两位诗人的泥塑像和石刻像?对此,清末著名学者王闿运所撰的一副对联作了圆满的解释:"自许诗成风雨惊,将平生硬语愁吟,开得宋贤两派;莫言地僻经过少,看今日寒泉配食,远同吴郡三高"。这里"开得宋贤两派"是关键词语,"宋贤"是指宋朝的黄庭坚和陆游二贤;"两派"是指黄庭坚创立的江西诗派和陆游创立的剑南诗派。陆、黄深受杜甫诗歌的影响,并形成各自的创作风格,进而产生两个诗歌创作的流派,所以,才有"开得宋贤两派"的评语。将陆、黄的泥塑和石刻像置于杜甫草堂,说明杜诗的影响源远流长。

草堂总面积约 300 亩,园林布局紧凑,设计精巧,小桥流水,盘花红墙,交错于庭院;梅丛楠林,翠竹千竿,融会于一园,使诗人古朴的住宅,增添了诗情画意,令游人流连忘返。

古往今来,中外人士写下不少传世的凭吊和赞颂诗人及其草堂的诗

文,其中,1957 年 2 月朱德游览草堂时所题对联是令人称道的,他写道:
"草堂留后世,诗圣著千秋"。

武侯祠

在成都市南郊,有一处苍翠葱茏、红墙环绕的庙宇,这就是纪念蜀汉
丞相武乡侯诸葛亮的祠堂——武侯祠。

武侯祠几经变更,现存的武侯祠是清康熙十一年(公元 1672 年),在
原址重建的。

武侯祠坐北朝南,一条中轴线贯穿大门、二门、刘备殿、过堂、诸葛亮
殿等五重主体建筑。步入大门,只见院内古柏参天,微风摇曳树枝,在苍
黛丛中闪现出青瓦红墙,那巍峨的殿宇,那莫测幽深的庄重气氛,不由使
人想起唐代伟大诗人杜甫咏叹武侯祠的诗篇:

丞相祠堂何处寻,锦官城外柏森森。

映阶碧草自春色,隔叶黄鹂空好音。

三顾频烦天下计,两朝开济老臣心。

出师未捷身先死,长使英雄泪满襟。

武侯祠中珍贵文物甚多,在大门和二门之间的通道矗立一通唐碑,

碑文由唐朝名相裴度撰写,题为《汉丞相诸葛武侯祠堂碑》,由书法家柳公绰(柳公权之兄)书写,名匠鲁建刻字,因文章、书法、刻技皆绝妙,故通称"三绝碑"。

在二门内刘备殿东壁,悬挂着现代书法家沈尹默手书的《隆中对》,正楷书体,法度谨严,雍容秀逸;西壁挂有岳飞手书的《出师表》木刻,行草书体,笔力雄健,大气磅礴,神采飞扬。东西偏殿,有关羽、张飞等塑像。东西两廊排列着蜀汉文臣、武将的塑像,一边以庞统为首的文臣,一边以赵云为首的武将,栩栩如生,庄重威严。

诸葛亮贴金泥塑像在诸葛亮殿内,手执羽扇,头戴纶巾,意态肃然而俊逸,两侧为其子诸葛瞻、其孙诸葛尚塑像。殿内外匾对甚多,其中,有老一代革命家董必武书写的一副对联:"三顾频烦天下计,一番晤对古今情",寓意精辟,发人深思。

殿后侧为刘备墓,史称"惠陵",据说,甘、吴二夫人也合葬于此。

望江楼

在成都市东2千米处,北临澄澈见底的锦江,南靠苍翠葱郁的竹海,有一座飞檐翘角的塔楼,这就是以唐代女诗人薛涛居室遗址而驰名中外的望江楼。

薛涛,字洪度,长安人。幼时,随父宦居蜀中。父死后,家贫,沦为乐妓。自幼晓音律,能诗文。曾与当时著名的诗人元稹、白居易、裴度、张籍、杜牧、刘禹锡等唱和,留下不少传世佳作。

相传薛涛生前在浣花溪、碧鸡坊兴建有浣笺亭和吟诗楼,现地面建筑皆废,只存一口古井,传说薛涛汲此井水制诗笺,色泽鲜丽,后人称此井为"薛涛井"。为了纪念薛涛,清时蜀中地方官员在她的居室遗址处曾两次大兴土木,先是重修薛涛井,又建吟诗楼、浣笺亭、濯锦楼;后又在锦江畔修造崇丽阁,建筑宏伟,造型美观,可登临饱览蓉城佳景。这就是通常所说的"望江楼"。

新中国建立后,曾几度修缮望江楼、濯锦楼、吟诗楼、浣笺亭等主要建筑,并广罗中外珍奇竹种,扩大植竹面积。现在已将薛涛居室遗址建成"翠竹万竿,幽篁似海"的竹的公园。一进园门,游人便投身于翠竹的海洋,在通往望江楼的路两边,奇竹丛丛,遮天蔽日,微风轻动,萧萧有声。

女诗人一生坎坷,命乖运蹇。她平生爱竹,以竹自比,曾赋诗抒怀:

南天春雨时,那鉴霜雪枝。

众类亦云茂,虚心能自持。

多留晋贤醉,早伴舜妃悲。

晚岁君能赏,苍苍劲节奇。

后人为了纪念她,投其所好,不仅建造观景吟诗亭阁,而且广植翠竹。女诗人英灵有知,当含笑九泉了吧?

青羊宫

在成都市通惠门外南面,百花潭北岸,有一座最大最古的道教宫观——青羊宫,初名为青羊肆。相传远在周代,老子西行至函谷关与关令尹喜告别时说:"千日后可寻吾于成都青羊肆。"后人在成都建立了庙宇,名为青羊观。唐代改名为青羊宫,以后几经兴废,现存殿宇建筑为清代重建,主要建筑有灵祖楼、八卦亭、三清殿、斗姥殿等。

宫内有两只铜羊,造型美观,俗称"青羊"。由于游人的触摸,致使铜羊通体闪闪发光,色如赤金。

宫内留存的石刻吕祖像,传说是唐代大画家吴道子所绘,石刻像是清末著名石刻匠陈宝鑫所刻。宫里还有木刻《道藏辑要》板片,是研究我国古代文化史和道教的重要文物。

宫内保存最完整、造型最华丽的建筑,当属三清殿前的卦亭了。亭基四方,亭身圆形,象征古代天圆地方之说。龟纹门窗,包抄亭身,两层亭顶,上覆黄琉璃瓦。屋檐高耸,爪角玲珑,八根石柱,镌刻盘龙,刻工细致精美。

青羊宫还以"花会"闻名全国。自唐代以来,每年农历二月十五日,在这里举行庙会,又因传说这天是"花朝",百花竞相开放,所以称为"花会"。每年一度的花会,都在青羊宫举行。这一天前来"赶花会"的人如潮涌,盛况空前。

青羊宫

总之,在数千年的历史进程中,美丽的蓉城汇集了丰富多彩的名胜古迹,它不仅有诗情画意的草堂、雄伟壮观的庙堂古祠、风光幽静的望江楼、神秘离奇的青羊宫,而且还有本文没能涉及的蜀宫地下文物宝库的王建墓、造福天府的都江堰、供奉李冰父子的二王庙、千年古刹宝光寺等。这些名胜古迹,无不诱人发出居今思古的幽情,无不使人深深地景仰祖国历史文化的源远流长、丰富多彩,真诚地崇敬古代劳动人民和精工巧匠们的才能和智慧。

杨柳青古风情街,石家大院古迹寻

石家大院是天津市杨柳青镇的一座清代官宦百年建筑,是清末天津"八大家"之一的"尊美堂"石府宅第。石氏家族久居杨柳青镇,历时已200多年。从清朝中叶到民国初,其财势号称"津西首富"。从石万程开始发家到石元仕一代,为石家鼎盛时期。清嘉庆年间,石家已有良田千余顷,房屋500余间,当铺13处,加上其他财产约值白银300余万两。

石家大院规模宏大。从北门估衣街到前门(南门)河沿街,长约100米,宽约70米,占地6000多平方米,其中建筑面积2000多平方米,包括现存的房屋278间,是目前保存很好、规模很大的晚清民宅建筑群。建筑典雅华贵,砖木石雕精美细腻,室内陈设民情浓厚,素有"津西第一宅"之称。

从估衣街进石家大院北门，有一条长长的甬道，这是整个大院的中轴线。甬道两侧，并排5道门，10个四合院。四周还有佣人住的配房。

石家是当年天津八大家之一，一度财势显赫，因此宅院也建筑气派，砖木石雕精美。石家大院堂院坐北朝南，由大、小四进院落组成。东院是三进四合院，为长辈及各房子孙居所；西院建客厅、戏楼和佛堂，是会客、娱乐、祭祀之所。大院建筑用料考究，做工精细，砖雕木刻形式多样，常用"福寿双全""岁寒三友""莲荷""万福""连珠"等喜庆吉祥图案。

石家大院全部建筑工艺精湛。磨砖对缝，画栋雕梁，花棂隔扇，漆朱涂彩。二道门的八仙人门蹲是由两个工匠用一年时间才雕制而成。建筑设计都有寓意。如从南向北各门基逐渐升高，意为"步步高升"。而每道院门又有三级石阶，意为"连升三级"。装点建筑的砖木石雕，随处可见，每一图案也都有故事含义。如砖雕"丹凤朝阳""平升三级"。而各种雕刻艺术品无一雷同。

石家大院共有三道垂花门，因其根据荷花的三个花期雕刻成三种不同形态的图案，所以分别取名为："含苞待放""花蕊吐絮""籽满蓬莲"。

甬道东侧是五进四合院。从北往南第一院是内账房和北客厅。现在院内仍存汉白玉条槽卧狮形大山石一对。第二、三、四院是石氏家族

起居寝室和女花厅。第五院是南书房,当时自设私塾,存书满屋。东边甬道有厨房、下房、更房、车棚、马厩及护院男女佣人住所。

甬道西侧的五进四合院,从北向南第一个院是北客厅及佛堂,往南是大垂花门,木刻木雕最为精美。平时此门不开,只有达官显贵才走此门,一般人只走两侧小门。第二院是串廊院,南面是鸳鸯大过厅。第三院是戏楼及南客厅。当年石元仕庆大寿就在此唱堂会戏,是北方民宅最大戏楼,京剧名家孙菊仙、谭鑫培等曾在此献艺。第四院南面是专门接待贵宾的花厅。北面大厅是陈设古玩字画的地方。过月亮门是第五院,有外账房和大影壁。

石家的内账房,现在作为名人照片展室。整个大院拍摄了四十多部电影以及电视剧等。

石家大院有三绝:牌坊、戏楼、文昌阁。戏楼顶外面是一层铁皮,上面有铜铆钉铆成的一个大寿字。整个戏楼的特点是冬暖夏凉,音质好。戏楼的墙壁是磨砖对缝建成,严密无缝隙,设有穿墙烟道,由花厅外地炉口入炭200斤燃烧一昼夜,冬日虽寒风凛冽,楼内却温暖如春。到了夏天,戏楼内地炉空气流通,方砖青石坚硬清凉,东西两侧开有侧门使空气形成对流,空间又高,窗户设计的阳光不直射却分外透亮,使人感到十分凉爽。戏楼建筑用砖均由指定专人特殊烧制,经专用工具打磨以后摆放叠砌,墙成一体,加上北高南低回声不撞,北面隔扇门能放音,拢音效果极佳,偌大戏楼不用扩音器,不仅在角落听得清楚,即使在院内也听得明白无误。因此,石府戏楼堪称"民间一绝"。

婚俗展室内有古代结婚用的花轿,花轿有两层,内层叫做轿芯子。还有用泥人捏制的结婚场面,周围是一些婚俗用品陈列,如帽筒、熏香炉、梳头匣、镜子、食品罐等,都是陪嫁之物。

桂林山水甲天下，阳朔山水甲桂林

桂林，是广西壮族自治区东北部著名的旅游城市，是一座具有2000多年历史的古城。它地处亚热带，但却不像一般岭南地区那样燥热，真是"五岭皆炎热，宜人独桂林"。据考证，大约在3.7亿年前，这里还是波涛汹涌的大海，现在遍布桂林的山石，是当时沉积海底的石灰岩。后来，经地壳运动，海底上升为陆地，经过风化剥落，酸性水液的溶蚀，才鬼斧神工般地塑造了奇特秀丽的峰林、峰丛、地下河和溶洞，形成了举世惊叹的"山青、水秀、洞奇、石美"的绮丽景色。

游人一到桂林区域，便顿生"山水田园皆锦绣，目不暇接惊喜急"之感，无论市中心的独秀峰、王城、象鼻山、榕湖和杉湖；还是城北的叠彩山、伏波山；城西的隐山、西山和桃花江以及城西北著名的芦笛岩溶洞穴，都是令人赞叹的雄奇瑰丽的风景区。其中，七星公园和南溪公园，是荟萃奇峰异洞、凝聚文物古迹的旅游区。

桂林的山水，之所以有"名甲天下"的美誉，自然是因为山美水也美的缘故，正是这奇山秀水的完美结合，才造成了"桂林山水甲天下"的景观效果。

唐代文学家韩愈将桂林的山水比拟为"江作青罗带，山如碧玉簪"，以如此生动、形象的诗句，分别描绘桂林的"江"和"山"是十分贴切的；然而，对桂林山水的审美蕴涵，又绝非是孤立地游山，或者单独地玩水所能体会得到的。影片《刘三姐》中，一位娉婷少女，口唱山歌，架着竹排，长篙一点，从青峰岩洞旁飘飞而过的场面，构成了一种山、水、人完美结合的和谐图景。因此，尽管桂林的山很奇特，平地拔起，千姿百态；但这些奇山，如果没有秀水的映衬和贯穿，充其量只是孤立的景点，而绝不能形

成巨幅的山水画面。在桂林旅游区,能够像彩链穿珠般地将奇山异洞织绣成山水锦屏的是漓江。

漓江发源于广西壮族自治区桂林市东北兴安县猫儿山,流经桂林、阳朔,在梧州汇入西江,由桂林至阳朔间,奇峰罗列,秀水如银,青山浴水,碧波侵岩,茅舍幢幢,渔火点点,茂林修竹,绿野阡陌,真是一江清流千般景,无限诗情水中天。

江水从桂林的叠彩山、象鼻山缓缓流过,直到阳朔的碧莲峰,途经或典故感人、或景色迷人的斗米滩、仙人石、望夫石、冠岩、绣山、半边渡、桃源村、画山、黄布滩和古兴镇等胜景。一路上,翡翠跌宕,碧影清幽,山川草木争奇竞秀,在波平如镜的江面上,映印下一幅幅动人的剪影。

在桂林市区偏北隅,有一座山层横断、山色多重、宛如叠锦的山,名为叠彩山。唐代诗人、桂州刺史元晦,曾在山麓和山上建多处亭阁,现已无存。新中国建立后,新建于越阁、叠彩亭等园林建筑,并广植桂树。一到秋季,桂花飘香,沿林木葱茏的登山古道拾阶而上,到叠彩亭,再登于越阁,远眺漓江,收览景物,自然别有一番情趣。

叠彩山有一处奇特风洞,南北对穿,中间窄细,仅能过人,两端开敞如厅,前端名叠彩岩,后端名北牖洞。清风过洞阴凉彻骨,使人烦劳顿释。明代刘台诗云:"嵯峨怪石倚云间,洞锁烟霞六月寒。"

登上叠彩山主峰明月峰顶,俯瞰全城,桂林江山美景一览无余。

在桂林市七星公园中心,有一座独具两个岩洞的山峰,名为普陀山。一个岩洞在西侧山麓,叫元风洞(一名玄风洞)或芜荽岩。那里,夏日凉风习习,炎暑顿消,洞内奇峰峥嵘,石骨嶙峋。另一个岩洞在西侧山腰,名叫七星岩(又叫碧虚岩)或栖霞洞。这里原是一段地下河,后因地壳变动,河床上升而成岩洞。洞内最宽处43米、最高处27米,游程800余米。洞中景物丰富,诸如石索悬锦鲤、大象卷鼻、狮子戏球、仙人晒网、海水浴金山、南天门、银河鹊桥、女娲殿等,晶莹石钟乳,造型奇幻,玲珑剔透,游人如同步入蜡像馆,那琳琅满目的天然工艺品,令人叫绝,美不胜收。七星岩从隋唐起就成为游览胜地,留下了不少堪与天然景物媲美的题刻诗文。

在桂林市西北6千米的光明山有一个岩洞,因附近生长一种可用以做笛的芦草,故称为芦笛岩。岩洞游程约500米,萦回曲折,大量天然石钟乳形成各种景物,如狮岭朝霞、石乳罗帐、原始森林、云台览胜、盘龙宝

塔、远望山城、幽景听笛等,千姿百态,壮丽神奇,素有"大自然艺术宫"之称。

在桂林市中心,平地拔起一座"冲天柱"般孤立的山峰,它四壁如刀切般的陡峭,雄伟秀丽,这就是享誉中外的独秀峰。由于它在朝阳或晚霞的映照中,宛如披上了紫袍金带,故又有紫金山之称。清代诗人袁枚在《独秀峰》一诗中写道:

来龙去脉绝无有,突然一峰插南斗。

桂林山形奇八九,独秀峰尤冠其首。

从西麓拾级上山,好像爬天梯一样,共306级才能到达顶峰。从峰顶放眼望,远处烟云缭绕,峰林挺立,近处楼宇栉比,道路葱郁。

独秀峰山麓有许多岩洞,著名的有读书岩、太平岩。山的北麓有涌泉,明靖江王因泉凿地为池,因形似弯月,故称月牙池。池上架桥,池畔修亭。月白风轻,清池亭影,涌泉有声,意境幽邃。

独秀峰历代石刻很多,唐代郑叔齐的"独秀新开石室记"以及清代黄国材的"南天一柱"、张祥河的"紫袍金带"、耆英的"介然独立"等,都是题咏独秀峰的传世石刻巨作。

在桂林市东,有一座由玉衡、开阳、瑶光三座峰组成的形如新月的山,故称月牙山或月牙岩。山北半腰有一块高数丈的陡峭巨石,因形似剑柄,故名为剑柄石。

山西南麓的月牙岩,前临小东江,三面为悬崖峭壁,石乳倒垂,晶莹尖利,如海象露齿。古时月牙山曾建有一座寺院,后被毁,1963年在寺址新建小广寒寺,隐在月牙岩内;在其右侧,依山傍崖,修建了襟江阁。从襟江阁观赏小东江和远近山峦,顿觉山河壮丽,襟怀开阔。

在月牙山三峰之一的瑶光峰山脚,有一座龙隐岩,相传曾有一条老龙隐居于此。洞西南通透,洞的一面石壁插入小东江中,洞顶有一条石槽,好像神龙腾飞后遗留下龙体的痕迹,也许这就是"曾有一条老龙隐居于此"的传说的由来吧?与老龙在此隐居相关的石刻颇多:古人留有"破壁而飞"的题刻,明代周进隆有"飞腾不知几千载,至今点点龙鳞存"等诗句。

龙隐岩宽敞明亮,冬夏气温皆宜人,洞内多石刻,已达到"壁无完石"的程度。石刻中宋刻占半数以上,其中,岩洞南崖壁上清康熙四年(公元1665年)刻的观音像,线条明晰,形象逼真,给人留下深刻的印象。

在桂林市内阳江与漓江交汇处,有一座状似伏象的山,称为"象鼻山"或简称"象山"。山下有水月洞,是弯曲象鼻与象身形成的圆洞,江水贯流,可穿行游艇。宋代蓟北处士在《咏月夜》一诗中写道:

水底有明月,水上明月浮。

水流月不去,月去水还流。

据记载,水月洞旁原有唐代云崖轩、宋代朝阳亭,现已不存在了。洞内外和临江的崖壁上,历代石刻甚多。

象鼻山东、西麓,均有盘曲的山道。山顶开阔、平展,有明代建筑的三层砖塔,底层和中层是八方形,上层是圆鼓形,其中镶嵌普贤菩萨像,故称普贤塔。由于外形像宝瓶,又似剑柄,故又有"宝瓶塔"或"剑柄塔"之称。

象鼻山顶林木成荫,花草繁茂,加上新建的园林建筑,把如花似锦的桂林,装点得更加妩媚多姿。

威海清凉游兴起,登山近水尽致还

威海市是山东省下辖的一个地级市,地处山东半岛东部,北、东、南三面濒临黄海,北面与辽东半岛相对,东面及东南面与朝鲜半岛和日本列岛隔海相望,西与烟台市接壤。威海市是全国投资硬环境40优城市,也是全国综合经济实力50强城市。1984年成为第一批中国沿海开放城市。1990年被评为中国第一个国家卫生城市。1996年被建设部命名为国家园林城市。1997年10月13日被国家环保部授予国家环境保护模范城市。1999年1月成为第一批中国优秀旅游城市。2003年10月6日成为国内第一个获得联合国人居奖的中国城市。2009年5月7日被评选为国家森林城市。

大乳山

大乳山位于乳山口东岸海阳所半岛西端,海拔 216.6 米,主峰呈圆锥形,山势浑圆丰满,顶峰挺拔突起,形态优美。远眺大乳山,横看秀曼,纵观玲珑,令人油然生出温馨、慈爱、端庄、雍容之感。满坡芳草如茵,遍山野花芬芳。半山腰绿林环绕,淙淙山泉叮咚而下,山巅岩石巍峨。

关于乳山城市名字的由来,有一段凄美动人的故事。传说很久很久以前,乳山沿海一带的老百姓,一直以出海打鱼为生,过着安居乐业的生活。但是一群海怪的出现,打破了渔民们平静的生活,它们整日兴风作浪,残害百姓。

一天,天上两位漂亮的海神娘娘被银滩美丽的环境所吸引,偷偷地下凡来到海里洗澡。当她们玩兴正浓的时候,海怪们又出来作恶了,于是两位海神娘娘就与它们展开了殊死搏斗,最后终于降伏了海怪,但她们也英勇地献身,永远地留在了银滩。她们其中一位倒在了海里,形成了一座从侧面看宛如一位端庄美丽的少女正在沉睡,后人称为睡美人。而另一位则倒在海边,形成了一座圆润挺拔的山,就是我们现在看到的大乳山。

成山头

成山头位于山东半岛东部威海市下辖荣成市成山山脉最东端,故而得名。成山头海拔 200 米,南北长 2 千米,东西宽 1.5 千米,面积 2.5 平方千米。这里与韩国隔海相望,仅距 94 海里,是中国陆海交接处的最东端,是最早看见海上日出的地方,所以被誉为"太阳启升的地方",又有"中国好望角"之称。成山头三面环海,一面接陆,群峰苍翠连绵,大海浩瀚碧蓝,峭壁巍然,巨浪飞雪,气势壮观。

天鹅湖

　　天鹅湖位于威海市下辖荣成市成山镇,东南两面濒临渤海,四季分明,年平均气温 11.8℃,属中纬度温带季风性海洋气候。湖内水质清洁明澈,沙滩纯净金黄,蓝天碧水金沙滩,景色秀丽,气候宜人。每年 11 月份至翌年 4 月份,会有近万只大天鹅和几万只野鸭、大雁不远万里,从西伯利亚、内蒙古等地呼朋唤友,成群结队悄然降落,在此地栖息越冬,形成世界上最大的天鹅湖,被国内外专家学者誉为"东方天鹅王国"。

　　每年从 11 月份开始,北方的天鹅、大雁和野鸭陆陆续续飞到这里越冬,数量最多时是来年 1 月份,多达几万只,成群结队,整个湖面洁白一片。洁白的天鹅孤高、圣洁,或卧或立,或游或走,或翔或奔,更有好"玩"者,嬉戏打闹,你追我赶,相互喙啄,交颈摩挲,鼓翼欢歌,蔚为壮观。到来年二三月份天鹅开始分散,三三两两地小群活动。如果湖上结冰,天上飞雪漫舞,只只亭亭玉立的天鹅与茫茫雪景会形成一幅浪漫的画卷。

　　天鹅湖宛如一颗璀璨明珠镶嵌在绵延起伏的马山脚下和成山卫镇之间,湖呈椭圆形,为封闭式港湾,面积约 5 平方千米,外有流口通荣成湾,内有河水流入。明清时期作为防御要地的马山港曾为荣成湾内的一个港湾,但近代因泥沙淤积,港湾逐渐变成了半封闭的泻湖,即天鹅湖。因其形状似半月,故又名月湖。湖海之间被白色沙带隔开,沙带上松柏苍翠,湖边长满一色墨绿的蓑衣草。天鹅湖东面沙嘴外的海滩,沙平水净,潮波平稳,是优良的海水浴场。在湖的南岸,有马贝烟墩、水师营遗址及冯守备墓等古迹。

　　海驴岛

　　海驴岛距海岸 1600 余米,面积 1312 平方米。据神话传说,二郎神挑山填海曾行至成山,正行间忽闻东海有驴的叫声,西岸有鸡的鸣声,一惊之下,扁担折断,挑筐亦随之落入海中,遂化为两座海岛。从此,人们便称东岛为海驴岛,西岛为鸡鸣岛。两岛之间各有一块耸天而立、高有数丈的石柱,被称为"扁担石"。虽为神话,两岛自然形状亦与神话十分相配。

海驴岛上,山石景色,神奇莫测。经长久的潮水波浪冲击侵蚀,岛的四周岸崖已是满目疮痍,洞孔累累,千奇百怪,各具风韵。大的海蚀洞内可以行舟,小的海蚀洞则仅能容纳数人。粉红色的岩石,层层叠叠,造型生动,可谓步步有景,景景生情,令人心驰神往,回味无穷。

海驴岛是鸟的世界。登上海驴岛,只见岛上海鸥遍地。众多的海鸥"咕咕"地叫着,像是欢迎游人的到来。由于岛上尚无居民,也没有其他天敌,所以海鸥繁衍的数量越来越多。有时一大群海鸥同时栖息在一块岩礁上,覆盖了整个岩礁,远远望去,宛若一座洁白的冰山。

海鸥在海驴岛大量繁衍生息,是与该岛的自然条件和特殊地理位置分不开的。每当清明过后,即是海鸥的产卵时期。产卵后月余开始孵化,这时海鸥很少离窝,即使人们去赶它,它也不愿离开。所以,海驴岛上的海鸥,栖息在岛礁岩缝中的多,而飞翔在天空中的少。

这些海鸥年复一年、生息繁衍,便有了如今几十万只海鸥遮天蔽日的奇观盛况,海驴岛也因此被称为"海鸥王国"。

登山近水,尽兴而归,这便是威海带给人们的乐趣。

滇池碧透万象新,昆明四季总是春

昆明市位于云南省中部、滇池盆地之北,山明水秀,气候宜人,是名副其实的"春城"。由于昆明风景秀丽,文化风貌独特,民族色彩浓郁,有滇池、西山、大观楼、聂耳墓、石林、圆通山、翠湖和黑龙潭等众多的名胜古迹。

在昆明市西南,有一片南北长 40 千米,东西宽 8 千米的辽阔水域,这就是举世闻名的滇池,又叫昆明湖或昆明池,古称滇南泽。滇池平均水深 5.5 米,海拔 1885 米,有盘龙江、宝象河、金汁河等 20 多条大小河流注入。

滇池两岸有金马、碧鸡二山东西夹峙,池上烟波浩渺,碧浪白帆,堪

称云贵高原上一颗璀璨的明珠。明代学者杨慎在《滇海曲》一诗中写道：

苹香波暖泛云津,渔枻（yì）樵歌曲水滨。

天气常如二三月,花枝不断四时春。

滇池四周名胜古迹汇集,有大观楼、西山、西园别墅、郑和公园、石寨山古墓群遗址等。

在滇池的西岸,由高峣山、华亭山、太华山、太平山、罗汉山等群峰组成的起伏的山峦,白云缭绕群峰,好像睡佛卧于云中,故称卧佛山;又像美女躺在岸边,故又有睡美人山之名。相传古时有一个青年女子,因丈夫被酋长抓到远方当奴隶,她日日思念,夜夜啼哭,泪水积成滇池,最后仰面倒下化为西山。当时凤凰飞来哀悼,人们误当碧鸡,故又有碧鸡山之称。

西山是一座山势奇秀的青山,全山除山石嶙峋的罗汉崖外,其余山峰均为茂密的树林所覆盖。古木参天,浓荫垂翳,使峰峦苍郁凝重;萧萧松涛,潺潺流泉,使幽谷寂静有声。

西山名胜古迹甚多,有作曲家聂耳墓、华亭寺、太华寺、三清阁、龙门等胜境。

聂耳墓在西山太华寺与三清阁之间的山坡上。聂耳（1912—1935）是现代著名的作曲家,云南玉溪人,《中华人民共和国国歌》（《义勇军进行曲》）的曲作者。1935 年 7 月 17 日,聂耳在日本神奈川县藤泽市鹄沼海滨游泳时,不幸溺水逝世。1938 年将其骨灰安葬于西山高峣山麓,1980 年 5 月 13 日迁葬于此。

聂耳的新墓地呈琴状,其中,24 级石阶象征聂耳 24 岁的年轻生命,7 个花圃象征七声音阶,墓穴位于琴盘的发音孔上。琴盘顶端竖着 7 块晶莹的墨石,上书"人民音乐家聂耳之墓"。

作曲家的新墓地背倚青山,前俯滇池,花坛紧簇,林木荫护,环境幽美,正是爱好音律的艺术家的绝好归宿。人们出于对天才音乐家及其杰出贡献的景仰,对他事业未竟表示惋惜,对他英年早逝寄以哀思,别出心裁地设计了琴状墓,先烈在九泉有知,自当感到欣慰了。

大观楼是昆明市的一个重要景观。它位于昆明市西 2 千米的大观公园内,南临滇池,与太华山隔水相望,因而被称为华浦。明黔国公沐氏曾在滩北建西园别墅。清康熙二十一年(公元 1682 年),楚僧人到此讲经,建观音寺。康熙二十九年(公元 1690 年),在原寺址建造一座二层楼,题名为"大观楼",同时建涌月亭、澄碧堂。后几经兴废,现存建筑为同治八年(公元 1869 年)重建。

大观楼的绮丽风景,古往今来吸引了不少文人墨客,他们或题联,或赋诗,抒发咏叹山河壮美之情。

在大观楼楼前门柱上题有一副对联,此联不仅以绘景逼真、寓意深邃的内容感人,而且以"长"称奇,整副对联 180 字,堪称对联之冠。

上联为:

五百里滇池,奔来眼底。披襟岸帻,喜茫茫空阔无边。看:东骧神骏,西翥灵仪,北走蜿蜒,南翔缟素;高人韵士,何妨选胜登临,趁蟹屿螺洲,梳裹就风鬟雾鬓,更蘋天苇地,点缀些翠羽丹霞;莫辜负:四围香稻,万顷晴沙,九夏芙蓉,三春杨柳。

下联为：

数千年往事，注到心头。把酒凌虚，叹滚滚英雄谁在？想：汉习楼船，唐标铁柱，宋挥玉斧，元跨革囊；伟烈丰功，费尽移山心力，尽珠帘画栋，卷不及暮雨朝云，便断碣残碑，都付与苍烟落照；只赢得：几杵疏钟，半江渔火，两行秋雁，一枕清霜。

这副对联为清代昆明著名诗人孙髯所作。他清高贫寒，淡泊名利。在这副对联中，他借景抒情，坦露自己对尘世的看法。上联是写景，将山川景物描绘得惟妙惟肖，揭开了自然美的底蕴；下联是抒情，把人间世事透视得一清二楚，昭示了人生的真谛。

在昆明市东南 120 千米处，有一大片石林，面积达 40 余万亩。

在古生代，这里是一片大海，后来由于地壳演变，海水逐渐退去，原海底岩层上升为陆地。又经地壳不断运动，把岩石挤压成无数裂隙，经风化溶蚀，便形成石峰、石柱、石芽、石钟乳、石笋、溶蚀洼地、地下河流和地下溶洞。这里奇峰危石，千姿百态，石峰、石柱拔地而起，直刺青天，远望犹如一片苍莽森林，蔚为壮观。

据历史记载，石林在明代已成为名胜。现已开辟为游览景点的有大石林、小石林和李子园箐石林等。

大石林面积较广，入口处峭壁如屏。著名的剑峰池水，如水银一般浇注于奇峰异石之间，并寻隙浸透流淌于岩石中，其上有桥相通。凭栏望池，有一座石峰刺破水面，利剑般地直指青天，这就是剑峰，剑峰池也因此而得名。沿着石阶下行，曲径通幽，峰回路转，别有洞天。在石洞中有石室、石床、石磴，仰卧小憩，仅见一线蓝天。莲花峰像一朵硕大无比的石莲，绽开于峰林石笋之间。

小石林紧邻大石林，其中最有名的石峰叫阿诗玛峰。它兀立于一泓碧水的侧畔，背后有一座山峰相连，侧视宛如一位背篓少女的剪影。阿诗玛峰的名字，来源于一个凄美的故事。相传当地撒尼族姑娘阿诗玛，为了反抗富人热布巴拉抢占她为儿媳,与义兄阿黑同恶人热布巴拉进行了顽强的斗争,历尽千辛万苦,终于逃出虎穴。当兄妹俩走到此地时,热布巴拉勾结崖神变出滔滔洪水,淹死了阿诗玛。后来,她就变成这尊巨大的阿诗玛石峰。

外石林,峰外有峰,林外有林,峰形奇异,拟物拟人。西南边的狮子山如雄狮高踞,其上有亭。东边的五老峰,像五位老人闲坐谈话,峰上也建有亭。石峰中还有著名的母子偕游、书生赶考、万年灵芝等,都是大自然鬼斧神工雕琢而成。

在昆明市北郊 14 千米的龙泉山下有一个碧潭,名为黑龙潭。这个名字的来源,有一种说法是,此潭在古代原是地下自然涌泉,大旱之年仍不干涸,由此传说潭内有蛟龙,故名为黑龙潭。潭附近有黑龙宫、龙泉观、碑亭等。

龙泉观分上下二观。下观有黑龙宫,创建于明景泰五年(公元 1454 年)。清代康熙、嘉庆及道光年间均有重修,金瓦红墙、飞檐画栋。北沿石阶而上,即上观,层楼迭阁,殿宇三重,观内遍植奇花异草,其中,唐梅、宋柏和明山茶花,被合称为"黑龙祠三异木"。四下里,潭水梅花,山岚云雾,风景幽雅,令游人流连忘返。

苍山洱海出奇景，风花雪月大理城

云贵高原山河锦绣，气候宜人。金沙江、澜沧江、怒江如三龙盘玉柱，横断山脉的云岭、怒山似二虎踞山冈。这里，山岭绵亘，江河逶迤，峰险流急，山河竞秀，景色壮丽。

如果把云贵高原比作一顶美丽的王冠，那么大理便是王冠上一颗耀眼的宝石。这里的苍山洱海的绮丽风光，四季如春的温和气候，千姿百态的繁花异木，以及丰富多彩的风土民情，无不使游人和旅行家流连忘返。大理素有"东方巴黎"的美誉。古往今来，它像色彩艳丽、幽香四溢的鲜花吸引蜜蜂一样，吸引中外游客纷至沓来，极尽观赏高原美景的雅兴。

早在13世纪，意大利旅行家马可·波罗曾来过这里，对当地的风俗民情作了翔实的记述；我国探险家徐霞客艰难跋涉数月来到这里，发出了"松阴塔影，隐现于雪痕月色之间，令人神思悄然"的感叹。

在距云南省大量白族自治州大理市西 2 千米处,在洱海与漾濞江之间,绵延着一座长达 50 千米挺拔峻峭的大山,这就是大理风光中的重要一景——苍山。苍山又名点苍山或灵鹫山。苍山山势雄伟,横列如屏,19 座山峰嵯峨壁立,其中的主峰马龙峰海拔 4122 米,山顶终年积雪。18 条溪水悬流飞瀑,从群峰间下泻东流,挟风带雾,击石有声,四季不绝。山上流云变幻多端:时而依峰堆影如苍鹰落崖;时而轻抹山岚如少女披纱;而从玉局峰上腾起的"望夫云",却经时而不变其形,宛如一位白族少女探身眺望洱海。它在述说着一个爱情悲剧的故事。相传在古代南诏时期,美丽的阿凤公主与勇敢的青年猎人阿龙相爱,遭到国王的反对和迫害,结果阿龙死在洱海,阿凤化作一朵望夫云,永世飘浮在苍山之顶,巴望着夫归。云、雪、峰、溪为苍山的四大奇观:云变、雪融、峰险、溪急,仿佛是一首永恒的歌,唱不尽苍山的雄奇,唱不尽大理风光的秀丽。

　　与苍山相媲美的,成为大理风光另一要素的是洱海。洱海古有叶榆泽、西洱河、昆弥川等称谓。因其形状很像人耳,且风浪大如海,故有"洱海"之称。

洱海北起洱源，南至下关，长约 40 千米，东西平均宽 7—8 千米，面积约 250 平方千米，海拔 1980 米。湖水碧绿，波光粼粼，与西岸苍山积雪相辉映，便形成了大理地区"下关风、上关花、苍山雪、洱海月"的绮丽风光。在"风花雪月"四景中，苍山的雪和洱海的月，具有更突出的景观效果，素有"银苍玉洱"的美誉。可见，苍山与洱海是形成大理风光的主体。明代著名文人杨升庵描绘道："山则苍茏垒翠，海则半月掩蓝"，这写的是苍山洱海的夜景之美。

苍山、洱海除了自身美或互相映衬之美外，它们之间的环境也是美的。在苍山、洱海之间的千顷沃野里，林木簇拥的白族村落星罗棋布，每个村落都有被当地人拥戴为"风水树"的大榕树，它们是村寨的活史碑和地方志，记载着当地兴衰演变的故事。苍山洱海之间的景物，一草一木，一村一寨，一峰一溪，都充满着田园诗般的雅趣。

大理之美，不仅美在苍山洱海的自然风光，而且也美在巧夺天工的园林建筑和传统悠久的历史文物。其中，值得一提的便是大理三塔、感通寺和蝴蝶泉。

在云南大理县城西北，曾有一座规模宏伟的庙宇，名叫崇圣寺（现已无存）。那里鼎立着三座砖砌的宝塔，在苍山之麓、洱海之滨，显得异常雄伟、壮观。三塔一大两小，大者居中，小者分列南北。大塔为方形、中空，名千寻塔，形似西安小雁塔，高 69.13 米，为密檐式建筑，共 16 层，每层正面中央开券龛，置白色大理石佛像一尊。南北两小塔实心，八角形，各十层，均高 42.19 米，塔身都涂白皮泥皮，各层分别雕券龛、佛像、莲花、瑞云、花瓶等，在阳光下，宛如嫩笋，节节挺拔，庄重而华贵。

在大理市南约 5 千米的圣应峰南麓有一座古刹，名为感通寺，又叫荡山寺。那里峰峦环顾，林壑幽深，殿宇峥嵘。相传这座寺院初建于东汉时，后几经兴废，在明嘉靖年间，四川新都人杨慎被贬到云南，曾居寺内厢楼，著音韵学书《转注古音略》传于世。时有大理名士李元阳题楼名为"写韵楼"，刻匾挂于楼前。明末清初，有画家、诗人担当和尚，因仰慕杨慎品学,重修写韵楼作自己住所,故寺内有"奇花龙女传千古,名士高僧共一楼"的楹联,传为古今佳话。楹联的上联是指,明初无极和尚曾向太祖朱元璋献龙女花一株,白马一匹,太祖回赠诗 18 章的典故;下联自然是指文士杨慎和担当和尚先后住过写韵楼这件事。

在大理市北 20 千米的苍山的云弄峰麓,有一处宽约两三丈的深潭,四周有大理石栏杆围护。护栏外建有蝴蝶楼、凉亭、花台,并有郭沫若书题的"蝴蝶泉"石牌坊。"蝴蝶泉"之名,来源于神奇的自然之谜和悠久的

民间传说。泉旁有一株古树,横生卧长,跨泉面而过,树影投入其中,潭水愈显幽深莫测。每年农历四月,古树开花,状如彩蝶。其时,也恰有蝴蝶纷飞而至,云集于此,一只只"连须钩足",从树头倒垂至泉面,将古树装点成名副其实的"蝴蝶树"。这时,泉边树丛中前来"赶会"的蝴蝶,仍络绎不绝,翩跹飞舞,色彩缤纷,状如散花,飘飘荡荡,令人眼花缭乱。这就是有名的"蝴蝶会"。至于这些蝴蝶为什么前来赶会,这是千古的自然之谜,而神话传说从来就是它的孪生姐妹。相传此泉原称无底潭,潭边住着一对白族情侣,男的叫霞郎,女的叫雯姑。后来,他们因反抗封建王公霸占雯姑,最后双双跳入潭内,化为一对大蝴蝶,这就是"蝴蝶泉"名字

的由来。

　　大理土质肥美,气候温暖湿润,最适宜花木生长,一年四季都有花开花谢。大理最有名的花木当数杜鹃花、报春花和茶花。云南的茶花驰名全国,其中大理就包揽了40多个优秀品种。明代诗人在吟咏大理茶花的诗中写道:

　　　　绿叶红英斗雪开,黄蜂粉蝶不曾来。

　　　　海边珠树无颜色,羞把琼枝照玉台。

古城典雅如娇客,西湖清瘦态婀娜

扬州,古名邗城,又名广陵,地处长江、淮河之间,东依京杭大运河,南临浩荡的长江,与镇江市隔江相望。扬州是全国著名的古城之一。早在春秋时代,吴王夫差就在这里修筑了城池,邗城的名称,即始于此。战国后期到秦朝,此城称广陵邑。这座城,经历西汉、东汉、魏、晋、南北朝诸代,虽然几经兴废,但城址未变,始终以蜀冈为基。隋朝时,炀帝开凿运河至此,广植杨柳,并大肆营造宫殿苑囿,正式命名此城为扬州。

到了唐代,扬州迎来了它历史上第一个辉煌时期。那时,开始在蜀冈旧城之南的冈下另建罗城,与冈上的旧城毗连。从此,扬州成为"淮左名都"。唐代时扬州水上交通方便,商业繁荣,是我国古代最早的对外贸易港口。江淮一带的粮食、盐、茶和手工艺品,大多在扬州集散;外国商人通过扬州和我国做生意;我国远航国外的许多商船由此启航,东下长江,远航日本、南洋,一时间扬州成为唐王朝统治江南各地和内外贸易的重镇。史书中对扬州有"今天下以江淮为国命""赋出天下而江淮居十九"的评语。在中、晚唐,扬州达到极盛时期,已成为天下最繁华、最富有的一座城市。唐代的众多诗人留下了描写扬州的诗句,例如:王建的"夜市千灯照碧云,高楼红袖客纷纷",李绅的"夜桥灯火连星汉,水郭帆樯近斗牛";张祜的"十里长街市井连,月明桥上看神仙";杜牧的"春风十里扬州路,卷上珠帘总不如"。这些脍炙人口的诗句,生动地描摹了扬州一派太平盛世的繁华景象。

唐末以后,扬州迭遭兵灾,又几经兴废。到了清代,扬州再度辉煌,迎来了它历史上第二个繁荣期,成为清朝文化中心之一,博得了"海内文士半在淮扬"的美誉,并产生了"扬州八怪"这个著名画家群体。

"扬州八怪"一般是指清雍正、乾隆间先后旅居或出生在扬州的金农、罗聘、郑板桥、黄慎、高翔、李方膺、李鱓、汪士慎这八位书画名家。

"扬州八怪"的特点和可贵之处,就在于不拘泥于传统,勇于摆脱清规戒律的束缚,具有独创精神,能够潇洒地发挥各自的艺术才能。我们不能将他们看成是一批举止轻浮、放荡不羁、性情乖僻、以书画为儿戏的"玩"艺术的"怪人"。其实,他们在寻求"怪"的艺术实践中,不知要比循规蹈矩的人多付出多少艰苦的劳动,因为他们走的是一条前无古人的探索者之路。关于这一点,以画竹而闻名的书画家郑板桥,曾在一首诗中写出了他刻苦学画的艺术探索过程,他写道:

四十年来画竹枝,昼间挥写夜间思。

冗繁削尽留清瘦,画到生时是熟时。

正是这种为艺术创作而"冗繁削尽留清瘦"的艰苦磨练过程,才创造出栩栩如生的精品,从而使自己的艺术创作臻于成熟,形成了与正统的画风大相径庭的独特风格。这就是"扬州八怪"之"怪"的真实涵义。

扬州博物馆所藏的八怪书画,有不少是观赏者喜爱、专家们叹服的艺术珍品。无论是金农的古朴中见挺劲的梅花扇页;还是郑板桥的清劲中透俊逸的兰竹石中堂；无论是高翔的笔意高古而意境深邃的《弹指阁图》；还是黄慎的用笔挥洒纵横，于不经意中见法度的《抱琴图》和《钟馗图》，都是传世的艺术珍品。有的清香冷艳，令观者发月地云阶之想；有的英气袭人，使观者如飘游深山幽谷之中；有的空灵清寂，令人宁静致远；有的潇洒自如，使人神魂飞荡。其他如汪士慎的《雪后梅》、李鱓的《松图》、罗聘的《春雷新笋图》、李方膺的《破盆兰花图》以及他们的书法作品，无不神采飞扬，各具特色，产生韵味隽永、余意无穷的艺术效果。

扬州，是风景优美的历史名城，这里园林名胜古迹是享誉中外的。

来到扬州的游人，少不得要游览一下瘦西湖和蜀冈名胜。

瘦西湖位于扬州西北郊，原名叫保障河（一说"保扬河"），又称长春河，因湖面狭长曲折、清瘦秀丽，故称为"瘦西湖"。隋唐时期这里是一条由城壕通向古运河的水道，后经历代改建，才渐渐地形成游览区。

从瘦西湖南面进园，有一道白石栏杆东西走向的拱形石桥，因形若长虹，故称虹桥。

穿过虹桥拐弯，便步入"长堤春柳"。这里是一面临湖，一面植柳，在桃花似雪柳若垂金的阳春三月，站在这花香四溢的柳岸之上，可望见湖面舟船片片，可听见柳荫深处黄莺啼啭。

长堤尽头是徐园，在圆形园门里面，别有洞天，叠石突立、树木弄影，掩映着亭廊厅阁，宛如一幅镶嵌在圆框中的园林画，显得静谧而幽美。徐园原称"桃花坞"，民国初年，被徐姓盐商所占，故称"徐园"。

在瘦西湖中心地带，有一座四周环水的人工土山，这就是瘦西湖的著名景区小金山。这里有风亭、月观和钓鱼台等景点。登上山顶风亭，临风而立，放眼眺望，湖内外景物便尽收眼底。山东侧的月观是凭栏赏月的好地方，这里有一副对联："月来满地水，云去一天山"。如到中秋夜晚，游人如织，月水交辉，热闹异常。走过伸向湖心的短堤，便来到"吹台"。据传，乾隆皇帝曾在此钓鱼，故称钓鱼台。从钓鱼台的洞门向西南方向眺望，形似五朵莲花的五亭桥、状如葫芦的白塔，透过飘摇的柳丝，都呈现在两个月洞门中央,恰似映照在镜中的景物。

　　在扬州西北郊,有一道树木扶疏、环境幽静的蜀冈,著名的大明寺就坐落在此,寺内建有平山堂和九层栖灵塔,现塔已无存。山门外墙壁嵌有"淮东第一观""天下第五泉"的石刻。

　　走进山门,穿过庭院,便来到大雄宝殿。这里,佛幡垂挂,气氛庄重,木鱼、铙钹及唱经声随着缥缈的香烟泄出殿外。

河北古镇展魅力，畅游美景不舍归

河北省地处京畿，历朝历代在燕赵大地留下的古迹和非物质文化遗产不可胜数，永年的广府古城、顺平的王家大院、井陉的石头村、张家口鸡鸣驿、暖泉镇等，都是国内罕见的文化瑰宝。

"北方乌镇"——邯郸广府古城

河北省永年县的广府古城在某些方面与浙江乌镇有异曲同工之处。广府古城历史悠久，风貌独特，文化积淀深厚，不仅有华北地区保存最完整的古城，还是中国北方唯一的旱地水城和世界闻名的太极圣地，因此被誉为"北方乌镇"。

广府古城始建于春秋时期，明代由土城改砌为砖城。自隋末以来，这里一直是当地政治、文化和经济中心，历朝都在此开衙建府。城内官署棋布，庙宇半城，有四大街八小巷、七十二个小拐弯，暗含中国哲学的变通之理。城内外历史古迹星罗棋布,著名的有弘济桥、毛遂墓、杨露禅故居、武禹襄故居、太和堂等,城内还保存着大量的明、清时期的古民居院落。

古城外环绕着长5千米的护城河,河外则是面积达20多平方千米的永年洼。这里长年积水,处于湿地状态,是继白洋淀、衡水湖之后的华北第三大洼淀,呈现"芦苇茂盛、鱼虾共生、碧水风荷、雁戏鸟鸣"的水乡景象,自古就有"小江南"之美称。

同时,广府古城是闻名世界的太极拳之乡,太极宗师杨露禅、武禹襄就诞生在这里,这里是杨式、武式太极拳的发祥地,太极文化源远流长。每年都有世界各地的太极拳爱好者前来寻师问祖,学艺交流。

"北国水乡"——廊坊胜芳古镇

"南游苏杭,北游胜芳。"相传乾隆皇帝下江南时曾三次取道廊坊市胜芳镇,并留下了这样的赞誉。然而,胜芳的名气并非自那时才开始流传,北宋时期,这一带广阔水域芦稻相映、菱荷飘香,已经被文人墨客竞相吟咏,胜芳也因为"胜水荷香""胜水流芳"等诗句而得名。

让胜芳从鱼米之乡成为北方商务重镇的转折点是在明朝永乐年间。明成祖朱棣迁都北京,为了改变京畿荒芜萧瑟的境况,从江浙、山东、山西等地移来众多居民及军人家属留在京都周边安家落户。这些来到胜芳的买卖人为日后胜芳成为著名商埠起到了至关重要的作用,到清朝乾隆年间,小小的胜芳镇已经有两万多人口,行业齐全,店铺林立,更因水陆交通便利,成为京津保商品交易转运集散地,被列为直隶六大重镇之一。

在千百年的商海风云与生产实践中,各种文化在胜芳碰撞交融,逐渐积淀了形形色色的文化瑰宝,衍生出如胜芳花灯、传统花会、说唱艺术、渔歌夯号等五光十色、绚丽多姿的文化景观。其中胜芳南音乐会和胜芳灯会是国家级非物质文化遗产保护项目,也是当地两朵最古老而灿烂的文化奇葩。

"大话西游"——张家口鸡鸣驿

鸡鸣驿,从名字上看起来是个有点沧桑也略带童话情趣的地方,它位于河北省怀来县的鸡鸣驿乡,因背靠鸡鸣山而得名。鸡鸣驿曾经是一座古驿站,是明清两代京西北联络各地官方文书的重要枢纽。有关鸡鸣驿的历史,有一说是其始自元朝时期成吉思汗设立的"站赤(蒙古族语的驿站)",而在确切的历史记载中,鸡鸣驿正式成为宣化进京的重要驿站,是在明朝永乐年间。其后,成化年间修建土垣,隆庆年间修建砖墙,鸡鸣驿城从此延续至今。即使在驿站功能逐渐丧失之后,它繁荣时期建造的

古城墙和古建筑也大部分保留了下来，成为我国唯一现存的大型古代驿站。也有人亲切地称它为"世界第一邮局"。

鸡鸣驿是一座典型的四方之城，有东、西两座城门楼，保存均相对完整，门上镶着铁板、铁钉，上方撰写"鸡鸣山驿"四个大字，依稀可见当年雄踞京西北的大型驿站的威风面貌。爬上东城楼向西望去，整座驿城一览无余。西面的城楼紧靠西山，在初冬的黄昏下显得格外安静祥和。

俯瞰全城，随处可见保有当年原样的街道以及建筑群落。城中共有17座大小寺庙，以及马号、驿仓、校场、店铺、驿学等古建筑，尤其是商贸店铺。回想当年，鸡鸣驿不只是公文交往的枢纽，更是从口内至口外的商家往来聚集之地。鸡鸣驿鼎盛时期商铺林立、人声鼎沸，共有6家当铺、9家商号以及若干油铺、茶馆、车马店，等等。

"疯狂的石头"——石家庄于家石头村

坐落在太行山麓的河北井陉县于家村，迄今已有500多年的历史，被专家称为"民俗瑰宝""石头民俗村的活化石""石头建筑的伟大奇观"。

这座以于姓命名的于家石头村占地面积约10平方千米，有400多户人家，1600多人口，石头房屋4000多间，石头街道3700多米。整个村落完整地保留了明清时期的建筑风格。据了解，于家石头村始于明朝成化年间，由政治家、民族英雄于谦的家族兴建，如今生活在该村的村民95%

以上姓于,多为于谦家族的后裔。

在于家村,几乎家家居住的都是石头四合院。房基、房墙、房檐,甚至上房的梯子都是石头砌就;院子由石板铺成,储备雨水的井窖也是石头建成;大门用石头砌筑,连大门两侧的装饰也是用石头雕刻的。至于上马石、拴马桩当然更是石头了。于家村有明清四合院300多所,现在村民还住在其中,不能不让人称奇。村中的街道也无一例外,全由石头铺成。其规划颇有特色,东西为街,南北为巷;全村共有六街、七巷、十八胡同,形成石头的"七里长街"。走进这些街道,幽静而深长,古朴而典雅,仿佛走进了历史。石头,仿佛就是于家村的灵魂和生命。已经习惯嘈杂生活的都市人到了这里,心灵会得到净化,寻找到一份难得的安详。

"民间故宫"——保定王家大院

一提起"大院",人们自然会想到山西的乔家大院,其实,河北省也有一处规模宏大的庄园,那就是在河北省保定市顺平县腰山王氏庄园,被人们俗称为王家大院。王家大院被专家称为"一座庄园,半部清史"。

顺平王氏庄园,距保定市正西仅25千米。庄园始建于清顺治初年,是王氏先祖王锡衮所建,距今已有300多年的历史,是华北现存规模最大、最完整的清代大地主兼巨商的豪门巨宅,为全国重点文物保护单位。

庄园占地 279 亩,原有 50 多套宅院 500 余间房屋;现存 65 亩,房屋 163 间。

王氏庄园建筑上最重要的特点之一是精美的雕刻,这些雕刻有砖雕、石雕和木雕,内容全部以"福禄寿"为主题,通过所雕物体的谐音来组成吉祥的祝福。在王锡衮的住处仁和堂,二进院砖雕十分出色,正厅西墀(chí)头砖雕是人物、牡丹、桂圆、狮子和金钱豹,营造的是动物与人和谐相处、富贵团圆的极乐境界。

王氏庄园的建筑格局为多个四合院,四合院各院前后贯通、左右相连。整座建筑以灰色调为主,古朴大方,给人以庄重典雅的感觉。庄园建筑既不同于皇宫官府,又不同于一般民居,是我国北方古代居民建筑的珍品,是研究清代民风民俗的珍贵文物。

"古山寨"——邯郸刘家寨

刘家寨位于邯郸市涉县偏城村中心,始建年代最早可追溯到宋末元初。寨子四周是用石头筑起的 10 米寨墙,仅有东南北三个门楼,寨内分为 7 门圪廊、47 个分院,占地面积 16600 平方米,现存 80% 以上多为清代末年到民国初年建筑群,全部是砖石土木结构,是北方少有的寨子式建筑。

整个寨子呈长方形,是典型的北方四合院式建筑,汇集了建筑学、绘画、文学、书法、雕刻、工艺美术等艺术,据有关专家考证,具有较高的科学和艺术观赏价值。寨子内院落相互对称,竖向设计随地形依山就势,布局结构紧凑,主房、陪房等级明显,主次分明。街道呈"丁"字形,为石阶铺就。沿街门楼,飞檐斗拱,大门两侧的门楣多为青石,并雕刻楹联。高大的门楼,高高的台阶,台阶多为青石铺就,且底层台阶下设排水道,门前有上马石、拴马石,屋顶为坡屋顶。出飞檐,圆椽,方砖盖瓦,屋顶压背,两端出兽。建筑装饰以雕刻、彩绘为主,木雕、彩绘多用于室内装饰,砖雕、石雕多用于室外装饰,雕刻线条柔和优美,雕梁画栋异彩纷呈。

"塞外名镇"——张家口暖泉镇

在塞外,有一个洋溢着江南水乡风韵的古镇——暖泉。这里一年四季温泉汩汩环村绕街而过。泉水绕过元代工部尚书王敏的书院,绕过明代的西古堡城,绕过皇家敕建的华严寺,绕过200多处风格独特的古寺庙、古民居、古店铺、古城堡、古戏楼,潺潺的流水声和着一街一河的杵衣声,和着村妇们此起彼伏的欢笑声,流淌过千百年。

暖泉镇位于张家口市蔚县西部,形成于元朝,历经明清两代形成"三堡六巷十八庄"的规模,城内建筑格局及道路网络保持着原来的模样。提及暖泉镇自然离不开暖泉水,正是它孕育出这里悠久的历史文化。暖泉的水出自两处,一处是出于村中心逢源池内,池东、西角各有一个石洞,村人称之为"龙口"。另一处源头叫"佛镜","佛镜"是一个水池,面积近半亩,池四周以青石砌成,池水由地下涌出,清澈见底,因其池圆如镜,水清可鉴,故名"佛镜"。乡民们很是珍惜暖泉,泉水南边的王敏书院与北面的围墙把泉水的源头围成"半亩方塘",既保护了水源,又为这极度缺水的边塞之地增添了一处秀美的景观。冬日里,萦绕街巷的泉水一路蒸腾着氤氲的雾气,把小镇渲染得如仙境一般。

"火树银花不夜天"是一项古老的风俗,在民间流传了几百年。那红红的火花,代表着农人的希冀;那亮亮的银树,是暖泉人祈福的延伸,枝枝桠桠,虽然是瞬间的绽放,却寄托了人们一年的希望和祝福。"打树花"曾经在蔚县境内许多古城堡都能看到,但现在只有暖泉镇还保留着这一传统。2006年5月,它被列入河北首批省级非物质文化遗产名录。

苏州园林冠天下，水城不亚威尼斯

晚唐诗人杜荀鹤，在他的《送人游吴》一诗中，对苏州的城市景观作了生动的描绘，他写道：

> 君到姑苏见，人家尽枕河。
>
> 古宫闲地少，水港小桥多。
>
> 夜市卖菱藕，春船载绮罗。
>
> 遥知未眠月，乡思在渔歌。

这首诗形象地再现了江南水城的风貌。苏州城内的河道纵横交错，但主干河道三横四直，与街道保持平行，形成棋盘式格局。由于市内川渠交织，所以桥梁也多，据说全城共有大小桥梁380多座，现在由于城市的改建和翻新，桥梁没有从前那么多了，但像枫桥、觅渡桥和渡僧桥等著名桥梁，至今依然完好地保存着。由于河道较窄，两岸傍河房舍，便形成了一条条水巷。这种小桥、流水、人家，便是水城苏州所特有的风光。

堪与水乡风光相媲美的是苏州的园林名胜，市内园林充分利用人工造景和借景的艺术手法，将山川景物浓缩于较小的园林里，从而产生"不出城廓而获山水之怡，身居闹市而有林泉之致"的景观效果。苏州的沧浪亭、狮子林、拙政园、留园、网师园、怡园等名园，都是江南园林建筑艺术的精品。

沧浪亭是苏州历史最为悠久的名园。在造园艺术上，沧浪亭一反高墙深院封闭式的常规，形成开放式的园林格局，将园内、园外融为一体。以园外为起景，在那里拉开园林的序幕。一泓碧水绕园而过，垂柳迎风，石坊点染。临水山石嶙峋，其后山林隐现，好像后山余脉延伸至水边，又有复廊介于山山水水之间。隔河相望，廊阁起伏，波光倒影。

　　因沧浪亭园林依山而建,所以进门便见山丘隆起,曲折盘回的登山小径,林木葱茏,箸竹丛生,主体建筑沧浪亭跃然立于山顶。该亭采用方形,以石为柱,显得古朴拙重,仿佛融合于四周莽石丛中。山南有明道堂、五百名贤祠、看山楼等建筑。其中,五百名贤祠内,有石碑100多方,上面雕刻历代人物像594幅,从春秋吴国的季札、伍子胥,到清代的林则徐,上下几千年,纵横跨万里。沧浪亭之东山,土山带石,山上古木参天,藤萝盘绕,山林野趣横生,景色苍劲。园内另有藕香水榭、闻妙香室、瑶华境界等,自成院落,独芳一隅,幽静成趣。

　　狮子林始建于元至正二年(公元1342年),位于苏州园林路,是苏州四大名园之一。大画家倪云林爱其景,曾作《狮子林图卷》;清康熙、乾隆帝几次来游。

　　狮子林结构紧密,以假山著称,东南多山,西北多水;长廊回绕,曲径通幽,楼台隐现,如捉迷藏。轩亭室阁堂廊等建筑,依山傍水,错落有致。

　　狮子林的假山峻奇无比,洞壑回转,曲折盘旋,起伏跌宕,气势磅礴,人行其间,如入迷宫。洞顶奇峰林立,状如狮兽。狮子峰为诸峰之首,奇石怪峰之外形,皆似狮子起舞,别有情趣。

拙政园在苏州娄门内,是苏州四大古名园之一。明正德年间御史王献臣始建。著名书画家文征明作《王氏拙政园记》和《拙政园图》与题咏。太平天国时属忠王府。

拙政园以水为主,水面约占全园面积的三分之一,建筑大都临水面池,尽收山水景色。园分东、中、西三部分。东部入园处,新中国建立后在明归田园废址上扩建和新建的有兰雪堂、芙蓉榭、天泉亭、放眼亭、秫香馆等。游人一进园门,首先映入眼帘的便是兰香堂,堂后池南立有石峰五座,池东水际有芙蓉榭,池北大片草地中有一座井亭,名为天泉亭,在西面溪水环绕的土山顶上有放眼亭,登临四望,可尽览园林景物。山北隔水即是秫香馆,这里是游人休息饮茶的地方。

中部正中为水池、山石、树木,建筑比较疏朗自然。当游人走过一段漫长的苍路,进入腰门,迎面是一座黄石假山,遮挡住人们的视线。向左经曲廊绕过假山,再过一座小桥,便来到园中部主体建筑远香堂。远香堂四面空灵,皆可观景。前面是起伏的假山,北面是临水的月台,池水被土山分隔,状如两座小岛,山上林木葱翠,有雪香云蔚亭和待霜亭。沿池植垂柳,长廊北面有见山楼,登楼远眺,顿觉视野开阔,园景尽收眼底。

由平台经倚玉轩,循廊折向西,可见一座朱红色小桥。红栏倒映在水中,清风徐来,微波荡漾,恰似一道欲飞的彩虹,故名为"小飞虹"。渡桥过真亭,只见三间水阁架于池上,南窗北槛,两面临水,这便是"小沧浪"。

远香堂东为枇杷园,园内有听雨轩、嘉实亭等名胜,以云墙和假山围成独立的景观,这种园中之园,明丽典雅,幽静深邃,自成一体。

西部以水为主,绕池布置景物。沿池界墙构筑水上游廊,连绵起伏,凌水若波。水廊南至宜两亭,北接倒影楼,亭与楼隔池峙立。宜两亭西侧,就是园西部的主体建筑鸳鸯厅。此厅平面图为方形,四角各带一间耳室。厅中间被屏分隔成南北两半。南半厅称十八蔓陀罗花馆,馆前庭院种有山茶花(一名蔓陀罗花);北半厅称三十六鸳鸯馆,探出于池上,池内有数对鸳鸯戏水。馆北池中有一座小山岛,山上有笠帽形的笠亭,岛东南角有扇面亭。

出馆过曲桥为留听阁,是一座临水的船厅。由此北行上假山磴道,可登上全园的最高处——浮翠阁。它建于假山顶端,浮在青翠的林木之上,故而得名。

留园在苏州市阊门外,是苏州四大古名园之一。清嘉庆五年(公元1800年)在明徐泰时东园的旧址上筑寒碧山庄,因为园主姓刘,又称刘园。刘与留同音,后叫留园。

留园分西、北、东、中四部分。

西部是一座假山,土石相间,堆砌自然,山上有一片枫林,山左云墙起伏。北面桃园,称"小桃坞"。山前小溪淙淙,两旁桃红柳绿。

北部是一片田园风光,广植花果并新辟有盆园,花石路径,满架葡萄,十分简素幽僻。

东部以建筑为主,厅、堂、轩、斋等交错布置,富丽堂皇。例如,楠木厅高深宏敞,厅前奇峰屏重,花木交柯,厅后回廊花径,景致清幽。鸳鸯厅精美雅丽,厅正面向北,径对著名的留园三峰:冠云峰雄峙居中,瑞云峰、岫云峰屏立左右。

中部以水为主,池居中央,四周环以假山和亭台楼阁。主景为荷花厅,厅前有宽广平台,依临荷花水池,厅南"古木交柯",院内湖石花坛,明洁清幽。

留园四景区建筑大部分以曲廊联系,依势曲折,通幽度壑,使园景堂奥纵深,变幻无穷,堪称我国造园艺术的杰作。

网师园在苏州市葑门十全街。原为南宋史正志万卷堂故址,称"渔隐园",后荒废。清乾隆时由宋宗元重建,借"渔隐"原意,自比渔人,故称网师园。

从阔家头巷正门进入,通过轿厅到"清能早达"大厅,其后为供起居用的"撷秀楼"。轿厅西侧有一个小门,门上有砖刻"网师小筑"四字,为花园入口。进门是小山丛桂轩,轩南墙下,用湖石叠成小山,种植桂花,轩北是黄石叠成的云冈假山。此轩四面出廊,沿廊西行进入"蹈和馆",馆南有门通琴室。

园子中部以水池为中心,配以花木、山石、建筑,形成主要景区——水院。全池略呈方形,聚而不分,池岸低矮,濒水而建的射鸭廊、濯缨水阁及小石桥皆低临水面,使一池清水更加开阔。水池东南和西北各有一条曲折延伸的水湾,池岸叠成洞穴状,使池面有水广波延、源头不尽之意。月到风来亭,突出于水面之上,每当夏夜,张灯结彩,月明水秀,凉风习习。

怡园位于苏州市中心人民路上,原为明代尚书吴宽旧宅。清光绪初经浙江宁绍台道顾文彬重建,曾邀请许多画家集体筹划而成。

怡园虽小,但山池花木,亭榭廊舫,布局精巧,玲珑雅致。

怡园东西狭长,中间由南北向复廊将其划分东西两部分。

东部以建筑庭院为主,配置峰石,点缀花木,景境幽雅。"玉延亭"与"四时潇洒亭",院内翠竹玉立,萧萧有声;"坡仙琴馆"与"拜石轩",巧置奇峰怪石,以松竹花木添景。

西部以山池为主景。环池点缀峰石、花木,布置建筑,错落自然,景色秀丽。从"藕香榭"临水北眺,山林葱茏,峰奇洞异;"小沧浪"高踞山岭,"螺髻亭"巧立洞上,"抱绿湾"幽深曲折,"画舫斋"建筑精雅,山池掩映,颇有山林野趣,"碧梧栖凤"青桐碧竹,环境清幽。

怡园湖石多,立峰、横峰、花坛驳岸,均系湖石佳品;花木多,白皮松、梅花、牡丹,皆是名卉嘉木;书法石刻多,廊壁上嵌满"怡园法帖",多为历代的书法珍品。

苏州市内有大小园林170多处,各个都绚丽多姿,上述几个只是它们的代表而已。一言以蔽之,苏州风物清嘉,名胜古迹美冠东南,池馆园林誉播中外。

欲把西湖比西子，淡妆浓抹总相宜

杭州是举世闻名的历史古城，饮誉中外的旅游胜地。上有天堂，下有苏杭。无论是粼粼波光充满着诗情画意的西湖，还是环绕其周的绵绵青山、幽洞奇岩；无论是历史悠久的文化古迹，还是巧夺天工的艺苑园林，无不引起人们寻幽览胜的浓厚兴趣。

早在四五千年前，我们的祖先就在此生息繁衍。春秋时期，这里是吴越争战之地，产生了"越王勾践卧薪尝胆""范蠡和西施"等千古佳话。

秦始皇统一中国后，推行郡县制，在此设立钱塘县。由此算来，杭州已有 2200 多年的历史了。

2200 多年来，杭州城经历沧海桑田的变化，几度衰荣。

汉代以后，海水退尽逐渐淤积为陆地，这才演变为如今的杭州市区，西湖方始形成。在此之前，钱塘不过是"虎林山"下一个人烟稀少的荒僻小镇。六朝时期，北方战乱，百姓纷纷南逃至此，钱塘才开始兴盛起来。

到了公元 589 年，隋文帝废钱塘，设杭州，从此该地名沿用至今。而大运河的凿通，以杭州为运河的终点，使杭州成为江南交通枢纽之一，从而大大提高了杭州的战略地位。

到了唐朝，杭州开始走向繁荣。

唐朝刺史李泌在任期间，率领百姓"开阴窦（暗渠）""凿六井"，解决了城里居民饮水问题，促进了杭州的发展。

唐代大诗人白居易在此做刺史的三年中，也做了许多件有益于人民的事。他不但重修了六井，还大规模地治理了西湖。离任时，他将自己的官俸留在库中，供后任急需时调用。他写下了许多篇吟咏杭州和西湖的优美诗词，极大地提高了杭州和西湖的知名度。杭州人民为了纪念他的丰功伟绩,曾在孤山旁修建白公祠,还把早在唐朝以前修建的白沙堤改名为"白堤"。

北宋大诗人苏轼曾先后两次在此做官,在知州任上很有作为。当时西湖年久失修,旱涝成灾,百姓遭难。为此,他奋力疾呼,上书朝廷,为民请命。同时,开仓济赈,浚理西湖。如今,湖中横贯南北全长 2.8 千米的林荫大道,就是当年苏轼主持浚疏西湖时筑成的,"苏堤"由此而得名。

苏轼也写下了千古传唱的名篇佳句:

> 水光潋滟晴方好,
>
> 山色空濛雨亦奇。
>
> 欲把西湖比西子,
>
> 淡妆浓抹总相宜。

因为这首诗的广泛流传,所以西湖便又多了一个芳名——西子湖。

南宋时期,定都杭州,改称"临安"。这个时期杭州的发展进入了鼎盛期,人口迅速增长,经济高度繁荣。偏居于此的南宋小朝廷,不顾失去的半壁河山而终日歌舞升平,过着纸醉金迷的腐朽生活。他们大兴土木,扩建皇宫,在西湖周围建起了一座座御花园,现存的柳浪闻莺中的"聚景园"就是其中之一。达官显贵们也争相效仿,营造私家花园。当时庭园楼阁之多,已达到"一色楼台三十里,不知何处觅孤山"的地步。

随着南宋王朝的衰败灭亡,临安府的繁华也烟消云散。但当时初步形成的西湖十景却流传了下来,它们中除雷峰塔已在 1924 年坍塌外,其余如苏堤春晓、柳浪闻莺、花港观鱼、双峰插云、三潭印月、曲院风荷、平湖秋月、南屏晚钟、断桥残雪等景点至今风采依然,游客不绝。

西子湖畔也保存了不少明清以来的文物古迹。清朝的康熙和乾隆皇帝都多次下江南、游杭州,挥毫留字。今天西湖十景的碑石,就是出自当年康熙之手。中山公园一带曾是清朝皇帝的行宫,孤山"文澜阁"中保存着珍贵的《四库全书》,著名的"西泠印社"是浙派篆刻艺术的发祥地。此外,还有几位历史名人葬于此地,如三台山的于谦墓、南屏山的张煌言墓、西泠桥畔的秋瑾墓等。

杭州正在成为名副其实的人间天堂。

说完杭州,再说西湖。白居易在《春题湖上》写道:

湖上春来似画图,乱峰围绕水平铺。

松排山面千重翠,月点波心一颗珠。

碧毯线头抽早稻,青罗裙带展新蒲。

未能抛得杭州去,一半勾留是此湖。

当你漫步湖滨或泛舟水面,观赏那多姿多彩的湖光山色时,就好像置身于一幅艳丽的风景画中:一泓碧水,平如明镜,清波涟漪,美不胜收;四周群山环绕,峰峦叠翠,郁郁葱葱。晨曦霭烟,夕阳霞光,各具特色。

湖中的三潭印月,是湖中小岛——小瀛洲的一部分。围绕在堤岸之中,有一泓碧水,湖中之湖,是小瀛洲的特有景色。而矗立在平湖碧波中的三座石塔,又是三潭印月的独有胜景。在月光皎洁的夜晚,把点着的灯放在那三座葫芦形的石塔里,湖面上就会映出月影、灯影、塔影,景色奇丽,令人叹为观止。

孤山是栖霞山的支脉,因独处湖中而得名。景色迷人的中山公园就在孤山中央,园内叠石假山,参差上下,左右拱卫,再配以曲桥流水,朱红亭阁,小巧玲珑,别有一番情趣。孤山的北麓,有玛垴坡、放鹤亭和空谷传声等名胜佳景。尤其是放鹤亭,自宋朝以来就是赏梅的胜地。北宋诗人林逋曾隐居于此,他酷爱植梅养鹤,因此人们说他是以梅为妻,以鹤为子。

孤山东南的平湖秋月,突出在西湖之上。由此眺望西湖,晴雨皆宜,美不胜收。它是由亭台廊榭、假山流水装缀而成的典型庭园。

断桥最初是在唐朝时营建,宋朝时称之为宝石桥,元朝称之为段家桥或短桥。断桥的"断"字,是"段""短"的谐音;另有一说就是孤山通过来的白堤,到此而断,故称"断桥"。脍炙人口的民间神话《白蛇传》中,白娘子和许仙就是在此相会。瑞雪初霁,可在这里观赏"断桥残雪",其景如临仙境。

地处孤山南麓的"西湖天下景",是一座建于清朝乾隆年间的亭子,亭柱上挂着一副叠字楹联:

水水山山处处明明秀秀
晴晴雨雨时时好好奇奇

这副别具一格的对联,恰到好处地点出了西湖风光的旖旎秀丽、奇幻无穷的特点。

灵隐寺坐落于杭州西北的丛山幽谷中,历来被誉为西湖第一名胜。这里山峦迭翠,古木参天,飞来峰苍郁挺秀,石刻佛像栩栩如生。灵隐寺气势恢宏,是西子湖畔最大的佛教寺院,也是全国最高的重檐古刹建筑之一。早在东晋咸和元年(公元 326 年),印度高僧慧整理创建此寺。寺内有两座殿堂,前面的为天王殿,殿中有坦胸露腹皆大欢喜的弥勒佛、象征"风、调、雨、顺"的四大金刚和已有 800 多年历史的韦陀像。大雄宝殿高 33 米,画栋雕梁,飞檐突厦,殿内如来佛像高达 24.8 米,神韵生动,面相庄严。大殿后壁,是以童子拜观音为主体的佛家"五十三参"故事的立体群塑,共有大小佛像 150 尊。大殿两旁还塑有 20 尊"诸天"佛像。

横亘于西湖之北的葛岭,景色奇特,自成一体。葛岭因东晋方士葛洪在此炼丹而得名。葛岭最高峰海拔为120米,是葛岭山的主体;西北为乌石峰,以栖霞岭与葛岭相接;东南为宝石山,宝石山上有来凤亭、落星石、看松台等景。栖霞岭有黄龙洞、紫云洞、金鼓洞等探幽寻奇的佳处。苍翠的林木和保俶塔的点缀,使葛岭和宝石山更加绚丽多彩。

岳庙南临西湖,北倚栖霞岭,始建于南宋嘉定十四年(公元1221年),是宋代著名抗金将领岳飞的纪念地。庙内古木参天,庄严肃穆。正殿陈列着岳飞塑像和文物史迹。岳坟位于岳庙内,后庭两座土冢下安息着岳飞、岳云父子。墓道两旁立有明代雕凿的石人、石马,墓前铁栏杆里围有四个生铁铸成的千古罪人——秦桧和他的妻子王氏,张俊和万俟卨(mòqíxiè),他们都反剪着手,面向岳墓而跪。

　　　　正邪自古同冰炭,毁誉于今判伪真。

　　　　青山有幸埋忠骨,白铁无辜铸佞臣。

　　岳王墓前的对联,表达了世人缅怀忠烈、鄙夷奸佞的强烈情感。

　　龙井村是驰名天下的"龙井茶"的产地,它位于西湖西南的南高峰和天马山之间。这里山清水秀,环境幽静。因为这里有一口泉井常年不枯,每逢大旱人们就到此求雨,认为此井与大海相通,其中必然有龙,所以称其为龙井,由此而得地名。

龙井茶以色泽翠绿、香气浓郁、味甘爽口、形如雀舌而名扬中外。龙井茶全靠手工炒制,做工相当考究。它一般都在谷雨前采摘,因而茶质特别优良。另外龙井茶区特有的自然条件,如山中常有雾气缭绕,气候温暖湿润,土壤呈酸性等,都非常适合茶叶生长。

而虎跑泉水质纯净,甘洌醇厚。以虎跑水泡龙井茶,清香溢口,沁人心脾。西湖群山多清泉,虎跑泉冠居杭州名泉之首。

虎跑寺位于西湖与钱塘江之间的杭富公路西侧。这里群山环绕,林木苍莽,景色奇特。据民间传说,唐代有两只老虎"跑(刨)地做穴",泉水涌出,故有"虎跑泉"之称。虎跑寺始建于唐朝元和十四年(公元819年),寺后石崖前塑有一虎,作刨地状,虎旁泉水即虎跑泉。泉上石崖,终年渗水,珠露欲滴,故称"滴翠轩"。

从龙井寺南下,越过棋盘山和翁家山之间的山口,不远就到了溪清山秀的九溪十八涧了。

清流一线,曲折下注,虢虢作琴筑声,四山环抱,苍翠万状,愈转愈深,亦愈清秀。余诗所谓"重重迭迭山,曲曲环环路,丁丁东东泉,高高下下树",数语尽之矣。

清代诗人俞樾如是描写,他甚至认为,西湖胜景不在湖而在山,九溪十八涧是西湖最美的地方。此地深得历代名士青睐。

九溪发源于翁家山南面的杨梅岭下,因沿途有九条溪水汇入而得名。十八涧发源于龙井村西漏斗状洼地,因溪流多湾,山中又有众多溪泉汇入而得名。"十八"非实指而表众多。九溪和十八涧在"溪中溪"汇合流入钱塘江。

九溪十八涧是一处以溪流景色为主的风景胜地,身处此间,面对层层青山,耳听淙淙溪流,芳草碧碧,翠竹苍苍,备感环境的清幽恬静,大自然的质朴清新。

雄伟的六和塔,坐落在钱塘江边月轮山上,为八角形宝塔。塔始建于北宋开宝三年(公元970年),至今已有1000多年历史了。由于钱塘江潮经常冲毁民房良田,所以当时的吴越王钱俶采纳了几位和尚的建议,命智元禅师建塔以镇江潮。

六和塔高59.89米,占地1.3亩。其塔内部为砖石结构,外面围以木结构建筑13层,并在飞檐流角上挂有104只大铁铃。

登上塔顶,远眺钱江,风帆点点,钱塘江大桥横跨江上,使人顿感气势浩瀚、胸怀大畅。

曲阜因孔变圣地,孔庙府林皆古迹

曲阜的名字来源于它的地形,东汉应劭注:"鲁城东有阜,委曲长七八里,故曰曲阜。""阜"即土山,弯曲的土山,自然就是"曲阜"了。虽然曲阜名字的由来很平易,但是它却闻名于世,这就别有深意了。

古今中外,凡是有名的城市,无不与两个因素有关:其一,是它的政治、经济、文化以及自然景观方面的地位和作用;其二,是它那里是否出现过惊天动地的人或事。

曲阜之所以出名,是由于它兼备了这两种因素:3000多年前,这里便是鲁国的故都;同时又是春秋末期著名的思想家、教育家、儒家学派创始人孔子的故乡。

春秋末年,孔子在曲阜首开私人讲学之风,这种教育形式有点像现在的研究生班和干训班,孔夫子的直接教育成果是"弟子三千,贤者七十二";孔子晚年删《诗》《书》,修《春秋》,整理典籍,所从事的是学术研究工作,使曲阜成为诗书礼乐之邦,成为儒家学派的发源地。自从西汉以来,尊孔崇儒之风盛行,朝圣者络绎不绝,于是孔庙、孔府和孔林就成为后世人瞻仰的三大古迹。

孔庙是祭祀孔子的庙宇,位于山东省曲阜市南门内,南接旧城垣,东与孔府毗邻。孔子去世后一年,鲁哀公将其故宅三间改建为庙。在汉武帝以后,历代帝王不断对孔庙进行重修、扩建,逐渐成为一处规模宏大的古建筑群。

现在的孔庙是明清两代完成的,前后共九进院落,前有棂星门、圣时门、弘道门、大中门、同文门、奎文阁、十三御碑亭。从大成门起,始分三路。中路有杏坛、大成殿、东西庑、寝殿、圣迹殿等;东路为孔子故宅,有

诗礼堂、礼器库、鲁壁、故宅井、崇圣祠、家庙等；西路为祭祀孔子父母的启圣王殿、启圣王寝殿及用以习乐的金丝堂和乐器库等。全庙共有殿堂阁庑 466 间，南北长 1 千多米，总面积 9.5 万平方米，四周围以红墙，配以角楼，苍松古柏，葱郁森然，殿宇雕梁画栋，金碧辉煌，气势雄伟，布局严整。

孔庙的第一道大门是棂星门,坊额正中刻有"棂星门"三个字。进入棂星门,便是孔庙的第一进院落。首先映入眼帘的是两座相对的门坊,左为"道冠古今"坊,右称"德侔天地"坊。院中建有"太和元气""至圣庙"两座石坊,直对"圣时门"。

穿过圣时门,便是横贯东西、石栏夹岸的"玉带河",河上架有三座造型古雅的小桥,名为"璧水桥",前边有座"汉石人亭",亭内竖两尊佩剑持枪石刻护门神。

穿"弘道门",过"大中门",进入"同文门",巍峨的奎文阁便呈现在眼前,这座高耸入云的木质楼阁,专门收藏历代帝王御赐的书籍和墨迹。

离开奎文阁,便来到巨碑林立的十三碑亭。在十三碑亭中最古老的是四块唐碑,其中最重的是清康熙二十五年(公元 1686 年)所立的巨碑,碑身重 35 吨。据说,这块巨石采自北京西山,在当时的采掘和运输条件下,如何采与如何运,实在令人难以想象。

走过十三碑亭,迎面便是并列的五座大门:正中名为"大成门";东侧为"金声门""承圣门";西侧为"玉振门""启圣门"。从东侧进承圣门,可达诗礼堂、孔子故宅、礼器库、崇圣祠,并可观览唐槐、宋银杏、鲁壁、孔宅故井等;从西侧过启圣门,可达乐器库、金丝堂、启圣祠和启圣夫人祠。

走进大成门,沿甬道往北行,迎面便是雕梁画栋、玲珑剔透的"杏坛",坛中立两块石碑:一块是金代书法家党怀英篆写的"杏坛"碑;另一块是清代乾隆皇帝手书的"杏坛赞"。

过了杏坛,便是孔庙建筑群的主体工程——大成殿。

这座大殿规模宏伟、气势磅礴,东西长 54 米,南北宽 34 米,高 32 米。殿顶用黄琉璃瓦覆盖,殿正面并立 10 根盘龙石柱,俨然如一座金銮宝殿。大殿前为祭孔的露台,台下铺设石雕龙陛,周围筑有双层石栏。

大成殿内,过去曾放置一个雕龙贴金巨龛,内有孔子的塑像,左右有颜子、曾子、子思、孟子塑像,称为"四配";两侧另有塑像十二尊,称为"十二哲"。

大成殿前的东西"两庑"，原是祭祀孔子的弟子"七十二贤"的地方，现在陈列着历代的碑刻，成为一处书法、绘画、雕刻艺术的宝库。

大成殿后是寝殿和圣迹殿。寝殿是供奉孔子妻子的殿堂；圣迹殿是存放"圣迹图"的地方。殿内还保存着晋朝顾恺之、唐朝吴道子等著名画家所作的孔子石刻画像，这些都是传世的艺术珍品。

孔府在孔庙的东边，旧称为衍圣公府，为历代衍圣公的官署和私邸。自汉代起，历代皇朝无不尊崇孔子，对其嫡裔也备加关怀。汉代封孔子嫡裔为奉祀君、关内侯；唐开元二十七（公元739年），改封孔子的嫡裔为文宣公；宋至和二年（1055年）封孔子四十六世孙孔宗愿为衍圣公，徽宗时又封世袭衍圣公。明代是正一品大员，列文臣之首。孔子嫡长子原住阙里故宅，称"袭封宅"。宋宝元年间另建新宅，封衍圣公后，便改称衍圣公府。后经多次维修扩建，才有了现在的规模。

孔府楼房厅堂共463间，院落九进。其布局分为三路：

东路为家庙所在地，有报本堂、桃庙、一贯堂、慕恩堂，还有接待朝廷钦差大臣的兰堂、九如堂、御书堂及酒坊等作坊。

西路有红萼轩、忠恕堂、安怀堂，为旧时衍圣公读书和学诗学礼、闲居吟咏之所，南北花厅为招待一般来宾的客室。

中路是主体建筑之所在，前为官衙，设三堂六厅，辖管勾、百户、孔庭族长及曲阜县衙四个衙门。后为住宅，有前上房、前堂楼、后堂楼、后五间，最后面是孔府花园。

孔府内整个建筑布局严整，显得门第森严，厅堂轩敞，富丽堂皇，陈设华丽。

孔林，是孔子及其家族的专用墓地。整个园林占地3000亩，四周筑有林墙，周长7千米余。林下墓冢累累，碑碣林立，石仪成群。

当游人走进红柱绿瓦的大林门，穿过红墙夹道，迎面便是二林门的"观楼"。登上"观楼"，放眼四望，只见林海茫茫，葱茏苍郁，园外田畴，青翠碧绿。

走下观楼,跨过洙水桥,便是甬道的前门楼（档墓门）,门东有一座院子为昔日主祭官的斋厅,后面通往大祭时官员们的更衣亭。甬道正面,有一座黄瓦罩顶的享殿,是祭拜孔子时设香坛的地方。

享殿后面,便是红墙围绕的孔子墓。墓前有墓碑两块:一块文刻篆体"大成至圣文宣王墓",为明代正统八年（公元1443年）所立;另一块篆刻"宣圣墓",为宋代所立。

红墙外面,是孔氏后裔结冢而葬的墓地。清代著名作家、《桃花扇》的作者、孔子的六十四代孙孔尚任的墓,在孔林东北隅。

孔庙、孔府和孔林是我国珍贵的历史古迹,是劳动人民所创造的成果。古老的孔庙、孔府和孔林,今天已成为研究儒学、探寻中华文化渊源的重要场所和中外游客访古问幽的旅游胜地了。

仙镜落泊雪国地，湖光山色世称奇

关于美丽的镜泊湖，有着许多神奇而优美的传说。其中，有一个故事是关于镜泊湖名字的由来的。

相传在很久很久以前，在黑龙江省宁安市西南部的深山老林里，住着一位聪明善良的红罗女，她有一面神奇的宝镜。这面宝镜宛如一泓汞银，晶莹耀眼。谁家有人得病，只要宝镜一晃，便病退康复；谁家失火了，只要宝镜一照，立即火熄烟灭。红罗女用宝镜为乡亲消灾免祸的事不知怎么传到了王母娘娘那里，她怎能容得一位村姑有如此珍贵的法宝，于是派天神盗走了宝镜。不料，那宝镜发出耀眼的霞光，告诉主人自己的去向。红罗女按霞光所指示的方向，一直追到天庭，最后发现那宝镜竟然在王母娘娘的怀里，便伸手去抢，慌乱中宝镜脱手从天上摔下来，跌到深山密林里，顿时化作一片汪洋大水，这就是风光绮丽的镜泊湖，即停泊宝镜而成之湖。

那么，镜泊湖究竟是怎样形成的呢？地质考察证明，镜泊湖底曾是牡丹江上游的古河道，大约10000年以前这一带火山喷发，汹涌奔流的玄武岩流壅牡丹江河床，形成了这一我国最大的高山堰塞湖。

镜泊湖位于黑龙江省宁安市境内西南部，面积约91平方千米，南北长45千米，东西最宽处6千米，最深处62米，最浅处只有1米，呈南浅北深的趋势。

镜泊湖宛如一位姿容秀美的山野姑娘，不加人工点染和修饰，却展示出粗犷、质朴的自然美。这里有雄奇的险峰异石、苍郁的原始森林，湖光山色相映，环境僻静幽邃。

镜泊湖美景

镜泊湖北岸的半岛上，在绿树丛中，隐现着一幢幢建筑的楼顶，这就是镜泊山庄。

从镜泊山庄乘游艇向上游而行，一路上可观赏白石砬子、大孤山、小孤山、城墙砬子、珍珠门、道士山、老鸹砬子和吊水楼瀑布等八大景观。

白石砬子是两座陡峭的石壁，位于镜泊湖边，犹如两根玉笋，穿出水面，直指青天。

游艇经白石砬子往南行驶，便发现有一座约 150 米的孤山从湖中突现，它像一头卧水的水牛，将弓圆状的脊背露出水面。山上林木葱茏，岸边草绿沙白，风景幽静。

从大孤山向西南方向行驶，不久又发现有一座状如刺猬的礁石群聚的小山，它奇峰峥嵘，怪石嶙峋，宛如珍奇的盆景。这就是镜泊湖八景之一的小孤山。

从小孤山远眺西南岸，只见有一座峭立的山峰，山上有一道残垣断壁，那是一座古城的遗址，这便是城墙砬子。此处原为渤海国上京路湖州故城，是一个屯兵重地。地势险要，居高临下，可控制整个湖区。历经千年风雨侵蚀,如今大部分城墙仍巍然屹立。登城环视,四周湖光山色,一览无余。

　　游艇过了城墙砬子,只见有两座相间 10 米的小山峙立于湖中,似两扇开成窄缝的大门,又像两颗镶嵌于镜面的珍珠,故有珍珠门之称。

　　过了珍珠门,来到湖的南部,只见峰峦跌宕,林木繁茂。山上原来有一座道教寺庙,名为"三清庙",现已荒废。这就是有名的道士山。湖畔有九座山的岭脊伸向湖中的道士山,后者又像一颗明珠,故有"九龙戏珠"之称。

　　在道士山南方,有一座形如乌鸦落水的小岛。山上林木苍郁,确实有成群老鸹(乌鸦)栖息。这便是老鸹砬子,或称老鸹山。

　　镜泊湖八景中的最后一景是吊水楼瀑布。在镜泊山庄以北,镜泊湖与牡丹江的交接处,水面有 20 米的落差,一条宽 40 米的水帘凌空垂下,水击岩石砰然山响,远处可闻,近看瀑布如狂暴雪崩,冷雾升腾,十分壮观。

吊水楼瀑布

镜泊湖附近有许多文物古迹,唐代渤海国上京龙泉府故城遗址、城子后山城遗址、舍利塔遗址、兴隆寺、虽哈纳墓碑等以及地下森林和地下熔岩洞等都集中在这里。

上京龙泉府故城遗址在黑龙江省宁安市东京城。上京城是渤海国的都城。渤海国是唐代我国东北以靺鞨族粟末部为主体建立的政权,原称"海东盛国"或"震国"。开元元年(公元713年)受唐册封,改称"渤海"。上京龙泉府古城在四面环山,三面临水的盆地中。该城的规划和规模,完全仿唐都长安城建筑,分外城、内城和宫城三部分。外城周长约17.5千米,四面十门,城垣为土石间筑。内城在外城北部正中,周长约4.5千米,城垣为石筑。宫城在内城北部正中,周长约2.5千米,城垣为石筑。宫殿在宫城中间,今仅存五重殿基,沿中轴南北排列。

古城址内的兴隆寺(南大庙),是在渤海庙旧址上修建的清代建筑,寺内的石灯幢、石龟趺和大石佛都是渤海时代的珍贵文物。

在兴隆寺前院内,有一座高245厘米、宽111厘米、厚30厘米的墓碑,是清康熙二十三年(公元1684年)黑龙江将军萨布索为其父虽哈纳立的墓碑。碑刻康熙诰命,满汉文对照。正面阳刻"皇清诰赠光禄大夫黑龙江将军虽公之墓"。碑身前后四边均刻游龙戏珠纹饰,碑首透凿一方孔,两边刻有蟠卷双龙戏珠。

镜泊湖还有一处天下奇观——"地下森林"。据一般的生活常识,无论是在高山还是深谷中的森林,树木都长在地表面上,可是有谁看见过树木长在40—145米的陡峭深坑里?在镜泊湖东南约45千米的张广才岭南坡,就有四处举世罕见的"地下森林"。那原来是四个直径在50—500米的火山口,里边的岩石经漫长岁月的风化剥蚀,已经形成一层土壤层,加以火山口的开口方向是向南或东南,这就为那里的树木生长提供了必要的阳光条件,这样一来,慢慢地就在火山口长出一片片茂密的森林。

当游人沿着登山小路爬上火山口的边缘,突然发现脚下竟有一个

"森林坑",这是多么令人惊异的情景啊！更为令人惊异的是,在这看似除了飞鸟无法入境的深达百米的火山口里,竟发现了山羊、马鹿乃至熊的踪迹。如果说当年风吹鸟携(粪便)向那里撒播草木种子,那还算可以理解的话,那么是谁又用何种方法向那里撒播哺乳动物的种子,那就实在不可思议了。

在距地下森林约 13 千米的地方,有几处罕见的熔岩隧道。洞高一般为 3 米,宽 5 米,最大洞径可达 10 米,洞的进深为几十米,最长达 500 米以上。由于河流冲蚀和熔岩地质作用而形成各种奇形怪状的熔岩乳,犹如人工雕凿,有的形似盘曲的巨蟒,有的状如跃起的飞龙,有的酷似花草浮雕,有的好像图案纹饰。这里的熔岩乳除了造型奇特外,其色泽也与众不同。昆明和大理的熔岩乳是石灰岩的,一般都是白色的,状如凝脂;而这里的熔岩乳则是黑紫色的,如同涂上一层光亮的"彩釉"。如果将前者比作晶莹的美玉,那么后者便是璀璨的宝石。

群峰竞秀长白山,澄清凛冽天池水

巍峨的长白山,层峦堆雪,自古以来就以其鬼斧神工的奇观、多彩迷人的传说和博大丰饶的物产,与祖国名山大川齐名,令世人所惊叹。

长白山是一座举世闻名的巨型盾状火山体。在熔岩台地上,以主峰为中心,向四周辐射出100多座小火山,成为我国东北部分布最广、最多的火山,覆盖面积达10000多平方千米,经过漫长地质年代的演化,大自然造就了这千姿百态的崇山峻岭。从此,长白山便以它奇异的火山峰峦、壮丽的高山火口湖和富饶的天然资源,创造了从肃慎、女真到满族的灿烂文化。它作为满族起源的钟秀神山,其南北龙岗曾是努尔哈赤崛起的"龙兴重地",其西南麓曾是爱新觉罗氏入主中原的根据地。在清王朝建立后,王室对其发祥宝地视若神界,"封禁"保护200余载,岁时拜祭,致使"神山"之说流传于世。

在旅行家眼里，长白山是一幅群峰竞秀，万木峥嵘，悬崖峭壁，瀑布涌泉的山水画。这幅画的主体便是长白山顶的天池。

长白山天池位于长白山主峰火山锥体的顶部，是一个火山口，经漫长岁月积水成湖。它呈椭圆状，像一块玉盘镶嵌于长白十六峰中间。自清康熙始，曾多次派使臣去长白山巡查，关于天池写下了不少有价值的记载。康熙十六年（公元1677年），大臣武穆纳奉谕旨登长白山，在给康熙皇帝的奏折中写道："山顶有池，五峰围绕，临水而立，碧水澄清，波纹荡漾，池畔无草。"光绪三十四年（公元1908年），奉天候补知县刘建封对长白山进行实地勘察，并在其所著的《长白山江岗志略》中写道："天池在长白山巅为中心点，群峰环抱，离地高约二十余里，故名为天池。"

天池南北长4.4千米，东西宽3.37千米，平均水深204米，最深处373米，水面周长13.1千米。

长白山天池上空的小气候变幻莫测，忽阴忽晴，瞬息万变，平日烟云缭绕，经久不开，多云多雾，多雨多雷，具有"水光潋艳晴方好，山色空濛雨亦奇"的特殊意境。

长白山天池

　　除了天池外,长白山区还有许多小火山口湖,如小天池、圆池、王池以及多处龙湾等。如果将长白山比作一顶熠熠生辉的王冠的话,那么,天池就是王冠上的一块碧玉,而那些星罗棋布的小火山口湖,便是镶嵌在王冠上的一颗颗珍珠。

　　小天池又叫长白湖,位于二道白河西岸,是由南、北两个小湖组成的,从峰顶俯视之,很像一对银耳环,因而又被称为银环湖。北湖周长260米,湖水碧波荡漾,清澈幽静,周围的岳桦林倒映湖中,风景绮丽动人。南湖周长220米,积水不深,很像干枯了的黄泥塘。如果登高眺望南、北二湖,一个碧蓝晶莹,一个赤黄迷濛,活像波斯猫的二色眼睛,给湖光山色增添几分滑稽的韵味。

　　圆池的古名叫布勒瑚里,即满语"龙驹"的意思,也称玉莲池、天女浴躬池。圆池位于红土山西北侧,直径180米,水浅,草丰,盛产花尾鱼。相传,古时每年农历三月三日的清早,圆池畔有歌台舞榭浮于水面之上,霎时丝管齐鸣,声声入耳,乐曲悠扬,余音袅袅,仿佛来自天庭,经久不散,故又有"仙湖"之称。

清王朝历来尊圆池为"生龙圣地",为满族人的发祥之地。传说,圆池是三仙女降浴的地方。三仙女佛库伦出浴后,因吞食神鹊衔来的朱果而受孕,生下一个男孩,名为布库里雍顺,成为满族人的始祖,大清皇帝之祖。为祭祠祖先,曾于宣统元年(公元 1909 年)在圆池边立有"天女浴躬处"石碑一座,现已无存。

在冠冕峰南 5 千米处,还有一个椭圆形小火山口湖,因传说罕王在此得救,因而称为王池。王池南北长 40 米,东西宽 30 米,还没游泳池大,但是,镶嵌在林海草地之间,澄碧的湖水,投峰揽月,妙不可言,有"王池笑月"的美誉。

此外,在长白山区西部的龙岗山脉两侧,还分布着八处小火山口湖,俗称龙湾。东麓有靖宇县内的龙泉龙湾、四海龙湾;西麓有辉南县内的东龙湾、南龙湾、三角龙湾、大龙湾、二龙湾和小龙湾。其中,三角龙湾景色最美,已辟为观光游览区。

堪与火山湖相媲美的是长白山区的瀑布。长白山素有"万水之源"的美称,这里山高、坡陡、峡谷多,形成了多而且美的瀑布奇观,诸如,梯河瀑布、岳桦瀑布、洞天瀑布、隐流瀑布、冰湖沟瀑布、吊水湖瀑布、白河跌涛以及长白瀑布等。这些瀑布景观不同,态势各异,有的像水帘下垂,有的似素练飘舞,有的像飞流倒挂,有的如高楼泼水,有的像白蟒翻腾,有的如涌泉喷射,争奇竞险,蔚为壮观。

在众多瀑布之中,当首推长白大瀑布,其规模之大、势态之险、景观之奇,都是其他瀑布所不能及的。它君临同类之上的地位,恰与天池雄居同类之首的地位一样。这是因为天池是长白瀑布之母,它那宏伟壮阔的气势,是通过长白瀑布宣泄出来的。因此,当旅行者沿着二道白河逆流而上前去探寻天池的时候,未见其貌先闻其声。数里之外,便听到长白瀑布的轰鸣,站在观瀑亭便可目睹,飞流从 68 米高的断崖骤然跌落的恢宏景象;那珠垂玉坠、喷金泼翠的风采,那乱石穿空、惊涛扑岸的气势,那风湿雾冷、水气迷蒙的景象,令人叹为观止。

长白瀑布

沿着长白瀑布继续上行,便是被称为"天河"的乘槎河。乘槎河水源于天池。它从龙门、天豁两峰之间的天池出水口流出,经补天石、牛郎渡,在"高燕吻瀑"处形成了长白瀑布,流水注入二道白河,成了松花江的源头。

天池,除了高山平湖、飞泉瀑布等壮丽景观外,还有一处不可多得的胜景,那就是奇峰异石。

在天池碧波中沐浴着一块状如战舰的险石,称为舰岩。舰岩之下,有一块高约丈余的圆形柱石,素有"天池一柱"之称,这根奇秀的石柱引人遐想和比拟,文人墨客还写了不少赞美它的诗章,来咏叹"天池一柱"永恒的风采,其中,有一首诗曰:

开天辟地擎天柱,焰焰烈火铸千秋。

纵是池水流万年,风云雾雨磐如故。

在天池出水口西侧,有一块长约 50 米弧形巨石。巨石尖端入水,斜向池畔逐渐抬高,很像"天"字的一捺,似有弥补天池缺陷之势,故称其为"补天石"。

在乘槎河口,有一块青石斜插河底,很像一座塌陷的石桥,水流石上,往来可以渡人。因为由此过乘槎河便可直上织女峰,故名为牛郎渡。

此外,赛棋岩、屈指岩、钓鳌台和放鹤台,也都形状奇异,各领风骚。其中,钓鳌台和放鹤台,还有耐人寻味的典故和传说。

钓鳌台在天池东北岸的滚石坡下,顶平如台。清末刘建封勘察长白山时,曾想登台垂钓,恰好风起,于是他写出了"一线情长何日了,半天风起与心违"的诗句,并借李白"未夸观涛作,空郁钓鳌心"之佳句,命名此岩为"钓鳌台",自称"天池钓叟"。

相传,有一个猎人见钓鳌台上有一位老人,"科头赤足,披华皮裘,金钩大如弓",而篮中却空无一物。猎人上前鞠躬问话,老人并不理睬,拿着鱼竿提着篮子径直向仙人岛走去。

与钓鳌台相邻的一块巨石,因常有白鹤起落,故名曰"放鹤台"。刘建封第二次下临天池时,曾遨游于钓鳌、放鹤两台,并在放鹤台上饮酒品茗,并写下了"信是天池名胜地,两台看罢看三山"的诗句。

刘建封在他的《长白山江岗志略》中写道:"长白山,古不成山也。……中有天池,环池多奇峰。大者有六:曰白云、曰冠冕、曰白头、曰三奇、曰天豁、曰芝盘。小者有十:曰玉柱、曰梯云、曰卧虎、曰孤隼、曰紫霞、曰华盖、曰铁壁、曰龙门、曰观日、曰锦屏。"

长白十六峰鬼斧神工、雄姿竞秀:

白云峰,云遮雾绕掩其面,峰顶积雪不知年。

天文峰(又称"华盖峰"),层峦高耸月光寒,皎洁偏爱月下看。

玉柱峰,山峰突兀不可攀,玉柱挺立可擎天。

冠冕峰,重峦叠嶂形庄严,白玉冠冕更好看。

芝盘峰,鹿鸣翠谷声回旋,玉雕仙草灵芝盘。

龙门峰,两峰突起似门扇,山峦近处瀑布喧。

华盖峰,山形如盖似玉辇,黄色浮石金璨璨。

卧虎峰,山势狰狞怪石多,好似猛虎常出没。

……

三奇峰,三峰比立,石峤琳琅,影印天地,仿佛海上三山,缥缈人间。

登上观日峰,极目远眺,海阔天空,观日出日落,使人血潮激荡,豪情满怀。

长白十六峰,如众星捧月般地簇拥着天池,而天池又像明镜般地映衬着群峰的雄姿,"山因水更奇,水因山更秀"。大自然以粗大的笔触,以放大的尺度,在辽阔的东北大地,绘制这山河壮丽、气象万千的巨幅画卷。

自古华山一条路，山奇峰险举世殊

自古以来就享有盛名的游览胜地——华山，是一座秀丽雄伟、巍峨壮观的名山，是我国著名的五岳之一。它位于陕西省西安市以东约120千米的华阴市南，山势峻峭，群峰挺秀，以其"峭拔险峻"而闻名古今中外。

"千里之行，始于足下"，攀登华山，要从华山脚下的玉泉院通天亭即"自古华山一条路"的起点开始旅程。值得一提的是，在距华阴市东约2.5千米处的华山脚下，有一座西岳庙，也称华岳庙，它与华山有着密切的关系。据有关文献的记载，西岳庙创建于汉武帝时代。当时，在我国就早已流传着关于明星玉女升天成仙的故事。传说在古时期，有一位明星玉女居住在华山中峰（后来人们为了纪念这位玉女，也称该峰为"玉女峰"）。她长得很美，不吃五谷杂粮，只服用玉浆。有一天，她竟然骑上一匹骏马，腾云驾雾，凌空升天，成了神仙。由于汉武帝十分敬慕华山上的明星玉女，欲求长寿，因此专门为她在山下修建了这座庙宇。

关于西岳庙，还曾经流传着许许多多的神话故事。而在百姓中流传颇广、给人们印象尤为深刻的则是"劈山救母"。

相传，在唐代，扬州有一位秀才，名为刘彦昌。他赴京赶考，途经华山脚下的华阴县，并进庙求卦。在庙里他与年轻美丽的华岳庙神三圣母产生了爱慕之情，两人相互倾吐衷肠，最后结为夫妻。三圣母与刘彦昌喜结良缘之后生下了一子叫沉香。可是三圣母的哥哥二郎神认为妹妹这样做是破天规、触家法的可耻行为，就率领天兵天将赶走了刘彦昌，并把他的妹妹三圣母压在了华山莲花峰下。一对恩爱夫妻和美满的家庭就这样活活地被拆散了。之后，沉香子便由父亲带往人间抚养。沉香长大后,得知母亲被舅父二郎神压在华山下,便拜师练就一身武艺,经过力战二郎神,斧劈华山,救出母亲。从此,三圣母一家得以团圆。后来,这段传奇的故事,还被编成了戏剧、电影(《宝莲灯》《劈山救母》等)。

提起三圣母,不禁使人联想到,在华山诸峰中最为奇险、峻秀的莲花峰,峰上有一座"翠云宫",也叫"圣母宫",是为供奉三圣母而建的。宫内雕有圣母像一尊。在"圣母宫"的西偏门,迎面就是一块巨石,长约十余丈,中间有裂缝,酷似斧劈,它就是华山上有名的"斧劈石"。在斧劈石的下面,还竖有一把大铁斧。

华山的道路,艰难崎岖,只有自北而南约 20 千米的羊肠小道。古往今来,就有"自古华山一条路"的说法。在这条曲折而艰险的路上,千尺幢、百尺峡、老君犁沟、上天梯等都是壁立千仞、狭窄仅可通身的险道。

游人们从山麓的玉泉出发,南行进入华山峪,首先映入眼帘的是其两边的悬崖峭壁。顺着一条小径沿溪流而上,看到水流湍急、跌水潭众多,即到了华山峪河。当行至峪口南约 1 千米时,在溪涧中有一块庞大的巨石特别吸引游人注目,它就是非常有名的鱼石。鱼石有 10 多米见方,在它的两侧镌刻有极为醒目的"鱼石"两个大字,其下刻着关于鱼石的由来:"光绪十年六月六日,山内蛟起,冲裂巨石至此,中见有鱼形,首尾皆俱,其事不知所在,因异而识。"笔迹十分俊秀。在鱼石的旁边还有"天然变化"四个大字,苍劲有力。

行进的峪道已尽,上面就是险路了。首先看见的是道旁崖壁上的八个大字:"脚踏实地,步步留神"。紧接着,看到的是在迎面的石崖上,醒目地刻着"迴心石"三个大字,好像是在暗示游人回心转意,不要轻易冒险。"迴心石"的上边有两条铁链斜挂在崖顶,那一级级陡窄的石阶,像一架天梯似的直伸天空。据说,过去许多攀登华山的人走到这里,突然路绝,又见前面山势的险恶,顿觉不寒而栗,有些意志不够坚强的人就此回心转意、畏难而退,转身下山去了。攀登华山,就是要经历和体验一个"险"字,这就要求攀登者必须像勇士那样,树立不畏艰险、勇于攀登的精神。况且在附近山崖上，那些"余勇可贾""英雄迈进"等题刻，鼓舞着游人勇敢地探险、要知难而上。

从"迴心石"上去就是"千尺㠉"了，它是华山上有名的第一险境。千尺㠉位于两座峭壁之间，其山形壁立，是一条又长、又狭、又陡的石巷，中间凿有370多级石磴，举目仰望，犹如一架天梯直上蓝天。游人们在此攀登，脚踏着石级、手挽铁索链，肩擦石壁，按级而上。在攀至最后一级的地方，是一个仅可通身的方形石洞，这就是人们所说的"天井"。在"天井"的近旁危峻崖壁上刻有"太华咽喉"四个大字。俯视如临的深井，真让人感到惶恐。"天井"的井口原有一块可以打开也可以关闭的铁盖，只要将天井的铁板盖上，华山的咽喉孔道就被堵住，路就断绝。显然，此路一旦堵上，即使插翅，也是不能飞上去的。

从千尺㠉上去，就是华山的第二险境——百尺峡。远在明代末年，顾咸正曾登华山，身临其境，深有感受，抒写了一首佳作《百尺峡》："㠉去

峡复来,天险不可瞬。虽云百尺峡,一尺一千仞。"百尺峡也称百丈崖,两壁相夹,山崖陡绝。虽然它从底到其上一个最低的垭口处只有百尺左右,却三面临空,比千尺幢更加险峻,何况头顶上还有一块夹在石缝里的"惊心石",好像随时都有掉下来的可能。当游人身临险境,欲上而难的时候,崖壁上"勇往直前""大放光明"的题刻,醒目地映入眼帘,鼓舞着游人精神振奋,勇气倍增,继续前进。所有攀登的游人如同攀登千尺幢那样,小心谨慎,手脚配合,艰难地攀缘而上。其实无论是攀登千尺幢,还是攀登百尺峡,几乎就像登直上直下的天梯,游人要在这险途上,一级级地向上爬,直至到达它的尽头。

高耸云霄的华山共有五座山峰:落雁峰,也叫南峰,它在五峰中是最高的;莲花峰,也叫西峰,为华山上的第二高峰;朝阳峰,又作东峰;玉女峰,又称中峰;云台峰,也称北峰,它是五峰中最低的一个。曾有人把这五座山峰形象地比作一个面南而立的人伸出的左掌的五指,拇指为最低的北峰,食指为东峰,中指为最高的南峰,无名指为西峰,小拇指类似中峰,由于它位于东南南北峰之间而得名。

从玉女峰往东转,由北面可去朝阳峰。著名的奇景之一——"仙人掌",就挺立在峰头东北处的仙掌崖上。这一奇景自古以来就闻名于天下,人们把它当做神迹来瞻仰。许多文人不畏艰险、劳累,身临其境,写下了大量的诗篇。唐代大诗人李白赞赏"仙人掌",写出了"三峰却立如欲摧,翠崖丹谷高掌开"的绝妙佳句。

在朝阳峰和莲花峰各自的北端,各有一座华山有名的"杨公塔",这两座塔建于1931年杨虎城将军驻陕期间。位于朝阳峰上的"杨公塔"的东面,有杨虎城将军亲手挥笔写下的苍劲、雄壮的四个大字:"万象森罗",使塔显得格外峻拔挺秀。而在莲花峰上的"杨公塔",其六面分别镌有"壁立千仞""西镇何崇穷""一览众山小""峻拔在寥廓""造化钟神秀""如此方为岳"等题刻,把耸入云天的杨公塔点缀得极为高雅。

　　在华山最高的落雁峰上,还有一处著名的险景——"长空栈道"。它在悬崖绝壁上凌空而架,约30多米长,两石夹道,仅可通身。在这手拉铁索、身贴崖壁、踏着左右摇晃的栈道上行进,真是险上加险,稍不小心,就会坠入万丈深渊。由于"长空栈道"风险性大,故人们在石壁上镌刻着"悬崖勒马"四个大字,时刻提醒游人千万不可粗心。在《华岳志》中,有明、清两代游人对"长空栈道"这一畏途的描述:"长空栈道在半壁,广八寸,长十丈,背空虚行",可见它的险境程度。经常有人来到这里,站在升表台上看别人是怎样走的,而自己却不敢身临一试。

　　登上华山,俯视万壑,环望四周,山势雄伟,景物秀丽,真叫人心旷神怡,胸襟开阔。唐代大诗人杜甫"西岳崚嶒竦处尊,诸峰罗立似儿孙"的绝妙佳句,正是对西岳华山的如实写照。

览胜游遍五岳山，奇绝春景在三清

三清山位于中国江西省上饶市玉山县与上饶德兴市交界处，为怀玉山脉主峰。因玉京、玉虚、玉华"三峰峻拔、如三清列坐其巅"而得名。三峰中以玉京峰为最高，海拔1819.9米，是江西第五高峰，也是信江的源头。三清山是道教名山，风景秀丽。

三清山风景区总面积229平方千米，它由10个大的风景区组成，其中有4个风景区尤为著名，它们是三清宫景区、玉京峰景区、西海岸景区和南清园景区。三清山全山山体由花岗岩构成，山上石峰千姿百态，景观类似黄山，又因为毗邻黄山，所以有"黄山的姐妹山"之称。

三清山一年中大约有200多个雾天，云雾使千山万壑浓淡相宜、变幻莫测，尤其在日出时分更是群峰竞秀、气象万千。盘旋在悬崖峭壁间的高空栈道为游客观景提供了极为便利的条件，使游客不必翻山越岭就可以信步在群山之间。

　　三清山自古享有"清绝尘嚣天下无双福地，高凌云汉江南第一仙峰"之殊誉。三清山经历了 14 亿年的地质变化运动，风雨沧桑，形成了举世无双的花岗岩峰林地貌，"奇峰怪石、古树名花、流泉飞瀑、云海雾涛"并称自然四绝。三清山以自然山岳风光称绝，以道教人文景观为特色，1997 年 8 月，美国国家公园基金会主席保罗等访华团慕名来三清山考察后惊叹道："三清山是世界上为数极少的精品之一，是全人类的瑰宝。"

2008 年 7 月 8 日,第 32 届世界遗产大会将三清山列入《世界遗产名录》,三清山成为中国第七个、江西省第一个世界自然遗产。

2011 年 9 月 6 日,三清山风景区被国家旅游局正式授予"国家 5A 级旅游景区"称号。

三清山由于处在造山运动频繁而剧烈的地带,所以断层密布,节理发育,山体不断抬升,又经长期风化侵蚀和重力的崩解作用,形成奇峰矗天,幽谷千仞的山岳绝景奇观。三清山东险、西奇、北秀、南绝,美在古朴自然,奇在形神兼备,仙灵众相,惟妙惟肖。游于清虚之境,出没于云雾之中,古为道家福地洞天。山上奇峰怪石不可胜数,云雾奇光叹为观止,珍树奇葩世所罕见,灵泉飞瀑与丹井玉液媲美,幽谷溶洞为腾蛟起凤卧虎藏龙之所。历代宫观建筑与雄险奇秀的自然景观融为一体,异彩纷呈,钟灵毓秀。

东方女神位于南清园东北,金沙索道上站上方,为三清山标志性绝景。原名女神峰,又称司春女神,海拔 1180 余米,通高 86 米。整座石峰造型就像一位秀发披肩的端庄少女,天设地造,鬼斧神工,惟妙惟肖。亿万年来,女神端坐山巅,默然注视芸芸众生,神态祥和。世人认为她是东方圣神,春天的化身,因而称之为"东方女神"。

巨蟒出山位于金沙索道上站上方,南清园游步道东北关口处,为三清山绝景之一。该峰海拔 1200 余米,垂直高度 128 米,是由风化和重力崩解作用而形成的巨型花岗岩石柱。峰身上有数道横断裂痕,虽经亿万年风涛雨雪,凛然屹立不倒。顶部扁平,颈部稍细,峰腰最细处直径仅约 7 米,状极突兀,形似一条巨大蟒蛇,破山穿地昂然挺拔而出,直欲腾空冲天而去,故名。此景刚劲多姿,有移步换形之妙,在不

同的方位变幻出不同的景象,呈现出"弯刀石""仙翁顶仙童""白娘子醉酒现原形""定海神针"等多种逼真的奇妙景观。巨蟒出山与东方女神左右相向岿然屹立,象征宇宙天地阴阳和谐,惊世绝配无与伦比。

观音赏曲位于梯云岭天门群峰之中,由两座象形石峰一前一后相叠组成。前为开山祖师葛洪像,后为南海观音像。相传晋朝葛洪到三清山创道炼丹,感民间疾苦,坐弹琵琶对天倾诉。琴声感动天庭,观音顺音下凡,双手合十聆听赏曲,故留此像于梯云岭中,让高山流水永奏天籁之音。

　　金沙镇在三清山东北方向,是三清山的东大门,亦是三清山东部景区的起点。东部景区以水和远眺景色见胜。自金沙镇向西,即为冰玉洞、冰玉洞瀑布。沿山路向南,小龙潭、玉帘、石门、吊桥等奇伟幽险,各具风姿的瀑布,排列其间。此处向上眺望,可见玉京、玉华、玉虚三峰峻拔而立。向南则可远见东方女神、巨蟒出山、三龙峰诸景。

从东部一条古老的磴道向上走4千米，即到中部景区的风门（又名玄关）。中部景区以石、松、云及古建筑、古石雕著称。在风门抬头东望，银瓶石顶端有天生石指，称为神仙指路，由此上山2.5千米，经千步门、百步门，到天门。一路可观赏清都吊桥、桂冠岭、结须岩、天宝石、神仙晒银、醉罗汉、望天蛤蟆、仙果石等怪石奇景。登上天门，即进入三清福地。三清福地为三清山的中心，海拔1460米，三清宫建于此。周围有风雷石塔、灵济庙、龙虎殿、飞仙台、方士羽化坛等古建筑。三清宫有路直达最高峰玉京峰，相距仅2千米，为观日出最佳处。三清宫附近为平顶松荟萃之地，形态各异，如虬龙飞腾，华盖张开；凤凰展翅，连理同根。云雾时飘时散，似在天上仙境。

由三清福地的飞仙台而下，沿水乐坑石磴西下，便到了西部景区。西部景区以山峰、瀑布、古树称奇。有形象逼真的石峰，如雄狮滚球、百鸟朝凤、墨熊石、夜莺石、鹿角石、鸡冠石、合欢峰等；有宽40多米、落差20多米、宛如白玉屏风的八磴龙潭瀑布；有高达30多米、似红锦高悬、艳丽无比的二桥墩红瀑；有罕见的华东黄杉、福建铁杉等名贵树木。真是让人目不暇接，流连忘返。

从坪溪沿南清溪而上，抵梯云浦，是为南部景区。南部景区以峰峦造型奇特、形象生动逼真闻名。在梯云浦，可观看山景。沿梯云岭上攀约2.5千米，到达梯云岩，近有观景台，四周山景尽收眼底。如鸽峰、猫峰、猿峰、狐峰、魔头峰、韦驮峰、朝天峰、火炬峰、跃鱼峰、双龙峰、龙门峰等。越过游云峡，到达玉皇顶，奇峰林立，峰下有三龙出海峰，玉京峰亦高耸可见。"览胜游遍五岳山，奇绝春景在三清。"三清春景之"奇"、之"绝"，实在令人叹为观止、回味无穷。

蓝海浪潮三亚鸣,天涯南天不夜城

就像不到长城非好汉一样,有人说:"到海南不到三亚,等于没有到海南。"不断开发的新景区,不断完善、不断创新的老品牌,吸引了众多国内外游客前来旅游休闲、观光度假。亚龙湾、贝壳馆、蝴蝶谷、南山佛教文化苑、南山海上观音、爱心大世界、天涯海角民族风情园、鹿回头公园、白鹭公园、凤凰广场,或以自然风光取胜,或以历史遗迹引人驻足,或以宗教文化、人文关怀、民俗风情打动人心,或以国际品牌酒店林立、游乐设施齐全、服务亲切到位而成为度假休闲胜地,让游人流连忘返……

　　三亚市位于海南岛最南端,有大小港湾 19 个,是中国最南部的滨海旅游城市。其因三亚河(古名临川水)有三亚东西两河至此会合,成"丫"字形,因"丫"与"亚"谐音,故取名"三亚"。三亚东邻陵水黎族自治县,西接乐东黎族自治县,北毗保亭黎族苗族自治县,南临南海。陆地总面积

1919.58 平方千米,海域总面积 6000 平方千米。三亚是海南省南部的中心城市和交通通信枢纽,是中国东南沿海对外开放黄金海岸线上最南端的对外贸易重要口岸。

　　三亚历史悠久,源远流长,文化多姿多彩。天涯海角、大小洞天、崖州古城、落笔洞三亚古人类遗址等都蕴涵着丰厚的历史文化。早在秦始皇时期设置的南方三郡,崖州就是其中之一的象郡。汉代在现在的三亚市崖城镇设立了珠崖郡治,隋设临振郡,唐代改为振州,宋代成为我国最南端的地级规模的州郡。因其远离帝京、孤悬海外,自古以来三亚一直被称为"天涯海角"。唐代宰相韩瑗、名僧鉴真,宋代名相赵鼎、大臣胡铨和纺织家黄道婆等先后来过崖州,对本地区的经济文化交流和发展作出了重要的贡献。三亚地处海南省的最南端,是我国唯一的热带滨海旅游城市,境内汇集了阳光、海水、沙滩、气候、森林、动物、温泉、岩洞、田园、风情十大风景资源。三亚拥有清新的空气、蔚蓝的天空、碧蓝的大海、和煦的阳光、洁白的沙滩,还有那风光旖旎的亚龙湾、西岛、天涯海角、南山海上观音、蜈支洲岛等风景名胜。

　　三亚被称为"东方夏威夷",它拥有全海南岛最美丽的海滨风光。

　　这里有闻名中外的"天下第一湾"亚龙湾和大东湾、三亚湾等优质海滨,它们的共同特点就是海蓝沙白、浪平风轻。亚龙湾三面青山环绕,沙粒洁白细腻,海水能见度达 7—9 米,是三亚最优质的海滩。大东湾沙平水暖,而且海底世界资源丰富,有珊瑚礁以及各种热带鱼、名贵贝类等。这里的年平均气温为 25.5℃,海水温度为 22—25.1℃,终年可游泳。阳光、海水、沙滩构成了三亚旖旎的热带风光,能让人的身心得到最充分的放松。

　　南山面朝南海,坐落在三亚市的西南 20 千米处,是中国最南端的山。南山历来被称为吉祥福泽之地。据佛教经典记载,救苦救难的观音菩萨为了救度芸芸众生,发了十二大愿,其中第二愿即是"常居南海愿"。唐代著名僧人鉴真法师为弘扬佛法五次东渡日本未果,第五次漂流到南山,在此居住一年半之久并建造佛寺,传法布道,随后第六次东渡日本终获成功。日本第一位遣唐僧侣空海和尚也在此登陆中国,驻足传法。中国传扬千古的名句"福如东海,寿比南山"则更道出了南山与福寿文化的悠久渊源。

鹿回头位于三亚市南部 3 千米的海边小山上,伸向南海,状似坡鹿。这里三面临海,四季山青,以其美丽的神话传说闻名于世。主峰海拔275.1 米。现在,鹿回头山顶已建设成一座美丽的山顶公园,并根据这个美丽的传说在山上雕塑了一座高 12 米,长 9 米,宽 4.9 米的巨型雕像。三亚市也因此被人们称为"鹿城",这里山岬角与海浪辉映,游人站在山上可俯瞰浩瀚的大海,远眺起伏的山峦,三亚市全景可尽收眼底,景色极为壮观。

落笔洞属三亚市八景之一,位于三亚市荔枝沟镇境内,距三亚市区约 15 千米。落笔洞在印岭的一座奇特独秀的小山峰上,为天然石灰岩溶洞。洞口高约 12 米,宽 9 米,深 18 米,洞顶逐渐升高至约 22 米。洞的中央,有两根钟乳垂吊,形如巨笔悬空。传说古时"笔尖"水滴不断,人若能手接此水,便会文思敏捷,挥笔成章,或发财致富,延年益寿。洞底地上数块平面大石形如砚台,传说此乃"神仙"用的笔砚,"落笔洞"由此而得名。

　　落笔洞的摩崖石刻甚多。刻在壁上的"落笔洞"三字有尺余大,经考证为元代海北海南道宣尉云从龙所题。"落笔洞洞洞笔落""尖峰岭岭岭峰尖"的刻字,顺念与倒念都是一样,令人回味无穷。

　　大小洞天古称鳌山大小洞天,位于三亚市区以西 40 千米的海滨,总面积 22.5 平方千米,至今已有 800 多年的历史。大小洞天风景区以其秀丽的海景、山景和石景号称"琼崖第一山水名胜"。这里,崖州湾弧弦百里、碧波万顷,鳌山云深林翠,岩奇洞幽,遍布神工鬼斧的大小石群。山海之间宛如一幅古朴优美的山海图画。历代文人骚客莫不钟情于这一方山水。

　　海棠湾其实只是"半湾",地处三亚市海棠镇与陵水黎族自治县英州镇交界处,因为行政区划的原因,本来一个完整的海湾被一分为二,属于三亚市境内的一半取名海棠湾,属于陵水境内的那一半取名为土福湾。两处"半湾"岸线合计总长 25 千米。蜈支洲岛古称牛奇洲岛,在海南设立三亚市的时候,政府部门在核实各地地名的时候,当地渔民提供了一种说法,认为该岛很像一种名为"蜈支"的海洋生物,遂将该岛改名为蜈支洲岛,并沿用至今。

　　蜈支洲岛坐落于三亚市北部的海棠湾内,距三亚市海常湾镇藤海村 2.7 千米,北与南湾猴岛遥遥相对,南邻号称天下第一湾的亚龙湾,距三亚市中心 30 千米。蜈支洲岛呈不规则蝴蝶状,面积 1.48 平方千米,东西长 1.5 千米,南北宽 1.1 千米,蜈支洲岛的海岸线全长 5.7 千米,南部最高峰海拔 79.9 米。岛东、南、西三面漫山叠翠,85 科 2700 多种原生植物郁郁葱葱,不但有高大挺拔的乔木,也有繁茂葳蕤(ruí)的灌木;不但有从远古时代流传下来的沙椤这样的奇异花木,还生长着迄今地球上最古老的植物,号称"地球植物老寿星"的龙血树。寄生、绞杀等热带植物景观随处可见。临海山石嶙峋陡峭,直插海底,惊涛拍岸,蔚为壮观。中部山林草地起伏逶迤,绿影婆娑。北部滩平浪静,沙质洁白细腻,恍若玉带天成。

崖州古城,即现在三亚市崖城镇,位于三亚市西 40 多千米处。自南北朝起建制崖州,宋朝以来的州、郡、县均设在这里。今天的崖城,以其悠久的历史和繁多的名胜古迹而成为海南旅游胜地。

三亚湾滨海大道——"椰梦长廊"与三亚市区连接,交通便利。其沙滩坡度平缓,曲线优美,海水清澈见底。冬可避寒、夏能消暑,是以热带海洋风光、中国传统文化、南国民族风情为特点的国际一流避寒和休闲度假胜地。

三亚呀诺达雨林是名符其实的三亚后花园。它北与五指山、七仙岭比肩相连;东眺南海万顷波涛,美丽的海棠湾近在咫尺;与南中国第一温泉南田温泉仅一水之隔。

天涯海角位于三亚市西郊 23 千米处。天涯海角风景区背负马岭山,面向茫茫大海。这里海水澄碧,烟波浩瀚,帆影点点,椰林婆娑,奇石林立,水天一色。海湾沙滩上耸立着大小百块石,"天涯""海角"和"南天一柱"巨石突兀其间,昂首天外,峥嵘壮观。

天涯海角远离中原,古时候交通闭塞,人迹罕至。这个"鸟飞尚需半年程"的琼岛,人烟稀少,荒芜凄凉,是古代封建王朝流放"逆臣"之地。宋代名臣胡铨曾用"崎岖万里天涯路,野草荒烟正断魂"的诗句与唐代宰相李德裕的"一去一万里,千之千不还。"都倾吐了谪臣的际遇。这里记载着历史上贬官逆臣的悲剧人生,经过历代文人墨客的题咏和描绘,这里便成为一处富有神奇色彩的古迹和游览胜地了。游人至此,似有一种到了天地尽头感觉。

　　"天涯海角"并非地理位置上的尽头,而是意境意义上的天涯海角。传说一对热恋的青年男女分别来自两个世仇的家族,双双发誓即使到天涯海角也要永远在一起。在其族人的追赶下,他们被迫双双逃到此地。最终两人跳进大海,化成两块巨石,永远相视相对。后人为纪念他们的坚贞爱情故事,在此石头上刻下"天涯""海角"。现在恋爱中的男女也常以"天涯海角永远相随"来表达自己的心迹。

南天一柱

　　从"天涯""海角"二石东走约三百米,有一尊高大独立的圆锥形巨石,这就是"南天一柱"奇景。它擎天拔地,有独立南天之势。"南天一柱"据说是清代宣统年间崖州知州范云梯所书。"南天一柱"的来历还有个传说。相传很久以前,陵水县黎安港海域一带恶浪翻天,百姓生活困苦。王母娘娘手下的两位仙女知道后偷偷下凡,立身于南海中,为当地渔家指航打渔。王母娘娘恼怒,派雷公电母来抓她们回去。二人不肯,化为双峰石,被劈为两截,一截掉在黎安附近的海中,一截飞到天涯之旁,成为今天的"南天一柱"。

　　黎苗歌舞是三亚舞蹈艺术的代表,其舞蹈姿态来源于狩猎耕作基本动作,其旋律来源于民间传统歌谣。每逢丰收,新春佳节,"三月三"黎苗同胞都不约而同地来到村寨开阔之地燃起火把,敲响铜锣,舞起"打鹿舞""鹿回头"、"椰壳舞"等欢庆舞蹈,自娱自乐,唱也融融,舞也融融。其中《跳柴舞》被评为全国优秀舞蹈节目,并被定为全国少数民族保留舞蹈之一。